Aberta a todas as correntes do pensamento, integra autores modernos e textos fundamentais que vão da filosofia da linguagem à hermenêutica e à epistemologia.

O Livro Azul

TÍTULO ORIGINAL
The Blue and the Brown Books

© Basil Blackwell, 1958
Edição original de Basil Blackwell, Limited

TRADUÇÃO
Jorge Mendes

REVISÃO DA TRADUÇÃO
Carlos Morujão

DESIGN DE CAPA
FBA

DEPÓSITO LEGAL 274509/08

PAGINAÇÃO, IMPRESSÃO E ACABAMENTO
Pentaedro, Lda.
para
EDIÇÕES 70, LDA.
março de 2018

ISBN: 978-972-44-1425-6
ISBN DA 1ª EDIÇÃO: 972-44-0842-6

Direitos reservados para Portugal e países africanos de língua oficial portuguesa
por EDIÇÕES 70

EDIÇÕES 70, LDA.
Avenida Engenheiro Arantes e Oliveira, 11 - 3.º C
1900-221 Lisboa / Portugal
Telefs.: 213190240 – Fax: 213190249
e-mail: geral@edicoes70.pt

www.edicoes70.pt

Esta obra está protegida pela lei. Não pode ser reproduzida, no todo ou em parte, qualquer que seja o modo utilizado, incluindo fotocópia e xerocópia, sem prévia autorização do Editor. Qualquer transgressão à lei dos Direitos de Autor será passível de procedimento judicial.

Ludwig Wittgenstein
O Livro Azul

Nota do Editor Português

O prefácio de R. R., datado de 1958, foi escrito para a primeira edição do *Livro Azul* e do *Livro Castanho,* publicados num único volume pela editora inglesa Basil Blackwell. Deve ser, por isso, entendido como uma introdução àquelas duas obras.

Na edição portuguesa, o *Livro Azul* e o Livro Castanho são publicados separadamente. No entanto, pareceu-nos importante conservar o prefácio, pois permite ao leitor situar o *Livro Azul* no percurso seguido por Wittgenstein, desde a publicação do *Tractatus* até às *Investigações Filosóficas.*

O *Livro Castanho* está também publicado por Edições 70.

Prefácio

Wittgenstein ditou o texto do «Livro Azul» (embora não lhe desse este nome) aos seus alunos de Cambridge, durante o ano escolar de 1933-34 e fê-lo policopiar. O texto do «Livro Castanho» foi ditado a dois dos seus alunos (Francis Skinner e Alice Ambrose) durante o ano de 1934-35. Deste texto, apenas foram feitas três cópias dactilografadas e ele apenas as mostrou a amigos muito próximos e alunos. Mas as pessoas que as pediram emprestadas fizeram as suas próprias cópias, que puseram circular. Se Wittgenstein tivesse atribuído um título a estes textos ditados, ter-lhes-ia provavelmente chamado «Comentários Filosóficos» ou «Investigações Filosóficas». Mas o primeiro texto tinha uma capa azul e o segundo uma capa castanha e os títulos actuais derivam do facto de sempre se ter falado deles nestes termos.

Ele enviou mais tarde uma cópia do «Livro Azul» a Lord Russell, à qual juntou uma nota.

Caro Russell
Há cerca de dois anos prometi enviar-lhe um dos meus manuscritos. O que lhe envio hoje não é esse manuscrito. Estou ainda às voltas com ele e sabe Deus se alguma vez o virei a publicar, quer na sua totalidade, quer em parte. Mas há dois anos leccionei alguns cursos em Cambridge e, para que os meus alunos pudes-

sem dispor de algum material, ditei-lhes algumas notas que fiz policopiar. Acabei precisamente de corrigir gralhas e outro tipo de erros, de alguns exemplares e ocorreu-me que talvez gostasse de ter um. Por isso, envio-lho. Não é minha intenção que leia as lições; mas no caso de não ter nada de melhor para fazer, e se elas lhe puderem proporcionar alguma satisfação, ficaria, de facto, muito satisfeito. (Penso que é difícil compreendê-las, visto que muitos aspectos são apenas aflorados. Elas são destinadas apenas às pessoas que seguiram os cursos.) Como eu disse, se não as ler isso não terá qualquer importância.

Sempre seu
Ludwig Wittgenstein

O Livro Azul *não era de facto mais do que isso: um conjunto de notas*. O Livro Castanho *era bastante diferente e Wittgenstein encarou-o, durante algum tempo, como o esboço de uma obra a publicar. Mais do que uma vez, iniciou uma versão corrigida, em língua alemã. A última tentativa foi feita em Agosto de 1936. Com algumas pequenas alterações e inserções, ela foi levada até ao início da discussão sobre a acção voluntária. Ele escreveu então em traços fortes, «Dieser ganze "Versuch einer Umarbeitung" vom (Anfang) bis hierher ist* nichts wert». *(«Do início ao fim, esta tentativa de revisão não tem qualquer valor».) Foi nessa altura que começou o que viria a ser (com pequenas revisões) a primeira parte das* Investigações Filosóficas.

Duvido que ele tivesse publicado o Livro Castanho, *acontecesse o que acontecesse, em inglês, e todos aqueles que são capazes de ler a sua obra em alemão perceberão porquê. Em inglês, o seu estilo é, por vezes, desajeitado e apresenta muitos germanismos. Mas mantivémo-lo assim, excepção feita a um pequeno número de casos em que o significado era desfigurado e a correcção óbvia. O que damos aqui à estampa são notas que ele ditou aos seus alunos e um rascunho para seu próprio uso; nada mais.*

Para Wittgenstein, a filosofia era um método de investigação, mas a sua maneira de conceber o método estava a mudar. Podemos

apercebermo-nos disso, por exemplo, no modo como ele utiliza a noção de
«jogos de linguagem». Costumava introduzi-los para afastar a ideia
de uma forma necessária da linguagem. Esta foi, pelo menos, uma das
primeiras utilizações que deles fez. É muitas vezes útil imaginar diferentes jogos de linguagem. A princípio ele escrevia, às vezes, «diferentes
formas de linguagem», como se as duas expressões fossem equivalentes;
embora o tenha corrigido por vezes em versões mais recentes. No Livro
Azul ele fala umas vezes de imaginar diferentes jogos de linguagem,
outras vezes de imaginar diferentes notações – como se isso constituísse o jogo. E parece não ter distinguido claramente a capacidade
de exprimir, da capacidade de compreender uma notação.
    A compreensão do que as pessoas querem dizer pode, segundo
ele, ser alcançada, por exemplo, se alguém explicar os sentidos das
palavras. Como se «compreender» e «explicar» fossem de certo modo
correlativos. Mas, no Livro Castanho, ele realça que a aprendizagem de um jogo de linguagem é anterior a isso, e que o que se mostra
necessário é, não a explicação, mas o treino – comparável ao treino
que se daria a um animal. Isto está de acordo com a ideia, por ele
realçada nas Investigações, de que podemos falar e compreender o
que é dito – sabendo o que significa – sem que isso queira dizer que
podemos dizer o que significa, nem tão pouco que seja isso aquilo
que aprendemos. Ele afirma também aí (Investigações, § 32) que
«Santo Agostinho descreve a aprendizagem da linguagem humana
como se a criança chegasse a uma terra desconhecida cuja língua
não compreendesse: isto é como se ela já tivesse uma língua, mas
não esta». Poder-se-ia verificar se a criança compreende o francês
perguntando-lhe o que significam as expressões. Mas não é desta
maneira que podemos saber se uma criança sabe falar, e não é isso o
que ela aprende quando aprende a falar.
    Quando o Livro Castanho fala de diferentes jogos de linguagem
como «sistemas de comunicação» (Systeme menschlicher Verständigung), não se trata simplesmente de notações diferentes. Introduz-se,
assim, uma noção de compreensão, e da relação entre compreensão e
linguagem, que não tem qualquer realce no Livro Azul. Wittgenstein
insiste, por exemplo, no Livro Castanho no facto de a «compreensão»

não ser uma coisa única; ela é de espécies tão diferentes quanto os próprios jogos de linguagem. Poderíamos daí concluir que, quando imaginamos diferentes jogos de linguagem, não estamos a imaginar partes ou partes possíveis de um sistema geral da linguagem. O Livro Azul é menos claro a este respeito. Na página 47 ele afirma que «o estudo dos jogos de linguagem é o estudo de formas primitivas da linguagem ou de linguagens primitivas». Mas depois prossegue dizendo que «se pretendemos estudar os problemas da verdade e da falsidade, do acordo e desacordo de proposições com a realidade, da natureza da asserção, da suposição e da interrogação, teremos toda a vantagem em examinar as formas primitivas de linguagem em que estas formas de pensamento surgem, sem o pano de fundo perturbador de processos de pensamento muito complicados. Quando examinamos essas formas simples de linguagem, a névoa mental que parece encobrir o uso habitual da linguagem desaparece. Descobrimos actividades, reacções, que são nítidas e transparentes. Por outro lado, reconhecemos, nestes processos simples, formas de linguagem que não diferem essencialmente das nossas formas mais complicadas. Apercebemo-nos da possibilidade de construir as formas complicadas, pela adição gradual de novas formas a partir das formas primitivas».

Esta passagem quase parece indicar que tentamos fornecer algo de semelhante a uma análise da nossa linguagem vulgar. Como se pretendêssemos descobrir algo que se passa com a nossa linguagem quando a falamos, mas que não podemos perceber até que tenhamos adoptado este método de atravessar a névoa que a encobre. Como se «a natureza da asserção, da suposição e da interrogação» fosse aí a mesma e tivéssemos descoberto precisamente uma maneira de a tornar transparente. O Livro Castanho, porém, nega essa perspectiva e é por isso que Wittgenstein insiste aí no facto de que «não considera os jogos de linguagem que descrevemos como partes incompletas de uma linguagem, mas como linguagens completas». De tal modo que, por exemplo, certas funções gramaticais numa linguagem não teriam qualquer equivalente numa outra linguagem; e o «acordo e desacordo com a realidade» seriam algo de diferente em diferentes linguagens – de modo que o seu estudo numa dada linguagem pouco nos poderá *elucidar sobre essa relação numa outra linguagem. Essa é a razão que o leva a perguntar no* Livro Castanho *se o sentido da palavra «Tijolo» é o mesmo numa linguagem primitiva e na nossa; o que está de acordo com a sua ideia de que a linguagem mais simples não é uma forma incompleta da linguagem mais complicada. A discussão, sobre se devemos ou não considerar «Tijolo» como uma frase elíptica é uma parte importante da sua explicação do que são diferentes jogos de linguagem. Mas não encontramos sequer uma antecipação dessa discussão no* Livro Azul.

Num dos livros de apontamentos de Wittgenstein encontramos um comentário sobre os jogos de linguagem, que foi provavelmente escrito no início de 1934. Suspeito que seja posterior à passagem da página, que citei anteriormente; em todo o caso, é diferente. «Wenn ich bestimmte einfache Sprachspiele beschreibe, so geschieht es nicht, um mit ihnen nach und nach die Vorgänge der ausgebildeten Sprache – oder des Denkens – aufzubauen, was nur zu Ungerechtigkeiten führt (Nicod und Russell), – sondem ich stelle die Spiele als solche hin, und lasse sie ihre aufklärende Wirkung auf die besonderen Probleme ausstrahlen». («Quando descrevo certos jogos simples de linguagem, não o faço com o propósito de construir gradualmente, a partir deles, os processos da nossa linguagem desenvolvida – ou do pensamento – o que apenas pode conduzir a erros (Nicod e Russell). Limito-me a expor os jogos tal como são, e a deixá-los lançar a sua luz sobre os problemas particulares».)

Eis, segundo penso, uma boa descrição do método aplicado na primeira parte do Livro Castanho. *Mas também se evidencia a grande diferença entre o* Livro Castanho *e as* Investigações.

No Livro Castanho *a exposição dos diferentes jogos de linguagem não se apresenta directamente como uma discussão de problemas filosóficos particulares, embora se destine a esclarecê-los. Ela torna claros vários aspectos da linguagem, em particular – aspectos que muitas vezes nos escapam em virtude, precisamente, das inclinações que encontram a sua expressão mais nítida nos problemas da filosofia. A discussão sugere, deste modo, onde surgem as dificuldades que dão origem a esses problemas.*

No que ele nos diz, por exemplo, do verbo «poder» e da relação deste com a «visão do que é comum», levanta-se a questão do que se aprende quando se aprende a linguagem; ou do que se sabe quando se sabe o que algo significa. Mas também se levanta a questão sobre o que significaria perguntar como pode a linguagem ser desenvolvida – «Isso ainda tem sentido? Ainda se está a falar, ou trata-se de uma algaraviada incompreensível?» E isto pode conduzir à questão sobre «o que pode ser dito», ou ainda, sobre «como poderíamos saber que se tratava de uma proposição»; ou o que é uma proposição, ou o que é a linguagem. A maneira como Wittgenstein descreve aqui os jogos de linguagem destina-se a mostrar que não se é obrigado a levantar estas questões, e que sê-lo representaria um equívoco. Mas o problema reside em não podermos deixar de nos interrogar sobre o que leva a que as pessoas o façam constantemente. As Investigações são, no que respeita a este assunto, diferentes.

Os jogos de linguagem não são aí (nas Investigações) menos ainda que no Livro Castanho estádios na exposição de uma linguagem complicada. Mas eles são estádios de uma discussão que se orienta para a «grande questão» sobre o que é a linguagem (§ 65).

Wittgenstein introdu-los – nas Investigações e também no Livro Castanho – para esclarecer o problema da relação entre as palavras e aquilo que elas representam. Mas nas Investigações ele está interessado na «concepção filosófica do sentido» que encontramos em Santo Agostinho, e mostra que esta é a expressão de uma tendência que se manifesta muito claramente na teoria dos nomes próprios, de um ponto de vista lógico, que sustenta que os únicos nomes autênticos são os demonstrativos isto e aquilo. Ele chama a isto «uma tendência de sublimar a lógica da nossa linguagem» (die Logik unserer Sprache zu sublimieren) (§ 38) – em parte porque, em comparação com os nomes próprios do ponto de vista lógico, «tudo o resto a que se chama nome é-o apenas num sentido inexacto e aproximado». E esta tendência que leva a que se fale de uma natureza última da linguagem, ou de uma gramática logicamente correcta. Mas, por que motivo cedemos a esta tendência? A resposta não é simples, mas Wittgenstein esboça uma resposta passando à discussão das noções de «simples» e «complexo» e da ideia de análise lógica. (Ele não faz isto no Livro Castanho onde, admitindo que o pretendido era lançar luz sobre o funcionamento da linguagem, tal seria desnecessário.) Toda a ideia de uma análise lógica da linguagem, ou de uma análise lógica das proposições, é estranha e confusa; e ao expor os seus jogos de linguagem, Wittgenstein não se propunha de todo levar a cabo uma tal análise. O facto de os considerarmos linguagens «mais primitivas» ou «mais simples», não significa que eles revelem algo de semelhante aos elementos que devem estar presentes numa linguagem mais complicada. (Cf. Investigações, § 64.) Eles são linguagens diferentes – não elementos ou aspectos da «Linguagem». Mas nesse caso poder-se-ia pretender saber o que existe neles, que nos leva a afirmar que são todos linguagens. O que é que, de facto, faz que algo seja uma linguagem? Esta é a «grande questão» (§ 65) sobre a natureza da linguagem ou da proposição, que se ocultou por detrás de todas as considerações anteriores.

Poder-se-ia mesmo dizer que a discussão, até à passagem referida das Investigações, tinha unicamente como objectivo a tentativa de revelar o sentido do tratamento dos problemas filosóficos por referência a jogos de linguagem. Ou melhor ainda: o de mostrar como o uso de jogos de linguagem pode tornar claro o que é um problema filosófico.

No Livro Castanho, por outro lado, Wittgenstein passa da enumeração de exemplos de tipos diferentes de denominação, a uma discussão dos diversos processos de «comparação com a realidade». Esta é ainda, sem dúvida, uma discussão acerca das relações entre as palavras e aquilo que elas representam. Mas aqui, ele não se esforça por revelar a tendência, que se oculta por detrás da maneira de encarar as palavras, que tantos problemas originou em filosofia.

Nas Investigações, ele prossegue em seguida com uma discussão das relações entre a lógica e a linguagem, o que não faz no Livro Castanho – embora essa discussão esteja intimamente relacionada com o que aí refere, em particular com o que diz sobre «poder» e as suas conexões com a ideia do que pode ser dito. («Quando dizemos que isto é ainda linguagem? Quando dizemos que é uma proposição?») Sendo assim, sentimo-nos tentados a imaginar um cálculo, e o que *nele pode ser dito. Mas Wittgenstein consideraria isto como uma má compreensão do que é uma regra da linguagem e do que é a utilização da linguagem. No modo como falamos habitualmente, não empregamos conceitos definíveis com precisão, nem, também, regras precisas. E a inteligibilidade é um tanto diferente da inteligibilidade num cálculo. O facto de se ter considerado «o que pode ser dito» como «o que é permitido num cálculo» («Que outro sentido poderá ter "permitido"?») foi responsável por se ter presumido que a lógica determina a* unidade *da linguagem: o que pertence e não pertence à linguagem; o que é e não é inteligível; o que pode, ou não, ser considerado como uma proposição. No* Livro Castanho, *Wittgenstein afirma, com insistência, que a linguagem não possui esse tipo de unidade, nem, tão-pouco, esse tipo de inteligibilidade. Mas ele não discute realmente os motivos que levaram a que se presumisse que ela os possuía.*

Não penso que se possa considerar que ele o tenha feito anteriormente, no Livro Azul. *Aí não surge o problema da lógica e da linguagem, ao qual seguramente se faz alusão no* Livro Castanho, *ainda que de um modo não muito claro. Na página 57 do* Livro Azul *Wittgenstein afirma que «não utilizamos geralmente a linguagem de acordo com regras rigorosas, mas ela também não nos foi ensinada por meio de regras rigorosas. Nas nossas discussões, pelo contrário, comparamos constantemente a linguagem com um cálculo que obedece a regras exactas.» Quando mais à frente, ele pergunta* porque *o fazemos, responde simplesmente: «A resposta reside no facto de os problemas que procuramos eliminar derivarem sempre, precisamente, desta atitude para com a linguagem». E poder-se-á perguntar se isso é uma resposta. O seu ponto de vista, tal como o expressa na página 59 por exemplo, é o de que «o homem que se encontra filosoficamente perplexo descobre uma lei na maneira como utilizamos uma palavra, e, ao tentar aplicar esta lei de modo consistente, confronta-se com... resultados paradoxais». E, à primeira vista, isso parece-se de certo modo com o que ele disse mais tarde, nas* Investigações, *sobre uma tendência para realçar a lógica da nossa linguagem. Mas ele não alude no* Livro Azul *ao que, na utilização ou na compreensão da linguagem, conduz as pessoas a conceber as palavras nesses termos.*

Suponhamos que isso acontece em virtude de os filósofos considerarem a linguagem de um ponto de vista metafísico. Muito bem; mas quando procuramos saber o que os leva a fazer isso, a resposta de Wittgenstein no Livro Azul é a de que isso se deve a um desejo de generalidade, e ao facto de «os filósofos terem sempre presente o método da ciência e serem irresistivelmente tentados a colocar questões e a responder-lhes da mesma maneira que a ciência» (p. 47) por outras palavras, para ele, a origem da metafísica não se encontra em algo que se relacione especificamente com a linguagem. Esse é um aspecto muito importante a ser aqui salientado e significa que a sua visão do carácter da perplexidade filosófica não era ainda tão clara como quando escreveu as Investigações. Mas, em todo o caso, não é essa tendência para colocar questões e lhes responder da mesma maneira que a ciência (ou pelo menos, não é principalmente ela), que leva os filósofos a conceber uma linguagem ideal ou uma gramática logicamente correcta, quando se encontram perplexos relativamente à linguagem ou à compreensão. Isso acontece por motivos diferentes.

Wittgenstein afirma muito claramente no Livro Azul que não utilizamos a linguagem de acordo com regras rígidas, e que não utilizamos as palavras de acordo com leis semelhantes às leis científicas. Mas não é muito claro no que respeita às noções de «conhecimento do sentido» ou de «compreensão», o que também significa que muita coisa na noção de «obediência a uma regra» é ainda, para ele, pouco clara. Essa é a razão que o leva a não reconhecer totalmente o tipo de confusões que podem dar origem à afirmação de que o conhecimento da linguagem é o conhecimento do que pode ser dito.

«De que pode depender a possibilidade dos sentidos das nossas palavras?» Essa é a questão subjacente à ideia de sentido, que encontramos na teoria dos nomes próprios de um ponto de vista lógico e na análise lógica. Ela é inseparável da questão relativa ao que se aprende quando se aprende a linguagem, ou ao que é a aprendizagem da linguagem. Wittgenstein explica no Livro Azul que as palavras têm os sentidos que lhes damos, e que uma investigação dos seus sentidos reais seria o resultado de uma confusão. Mas ele não distinguiu ainda nitidamente a aprendizagem de um jogo de linguagem da aprendizagem de uma notação e, por essa razão, não pode tornar completamente evidente a natureza da confusão a que se opõe. *Por outras palavras, Wittgenstein não percebeu claramente no* Livro Azul *o que representa o problema relativo aos requisitos da linguagem, ou à inteligibilidade da linguagem. É por isso que ele afirma, na página, que «a linguagem vulgar é perfeita», o que é equivalente à afirmação: «é uma linguagem, perfeito». E isso parece significar que satisfaz as qualidades requeridas. Mas ao exprimir-se nestes tempos, ele é vítima do mesmo tipo de confusão que mais tarde denunciou. Falar-se, como o faz aqui Wittgenstein, da «elaboração de linguagens ideais», como se esta fosse assimilável à elaboração de jogos de linguagem, parece-me obscurecer o desígnio das linguagens ideais, a intenção dos que as conceberam. Ele não teria falado nestes termos mais tarde.*

Pode ter sido esta falta de clareza já mencionada, ou algo de semelhante, o que conduz Wittgenstein a referir-se mais do que uma vez, no Livro Azul, *ao «cálculo da linguagem» (e. g. p. 81; ou, melhor ainda, p. 116) – embora ele tenha também afirmado que apenas utilizamos a linguagem como um cálculo em casos muito raros. Se não se estabelece a distinção entre uma linguagem e uma notação, dificilmente se poderá notar qualquer diferença entre a utilização de uma linguagem e a utilização de uma notação. Mas nesse caso não se tem justamente uma visão clara das dificuldades respeitantes à relação entre a linguagem e a lógica.*

Essas dificuldades tornam-se muito mais nítidas no Livro Castanho, *embora ele não lhes faça aí qualquer referência explícita. Podemos afirmar que elas constituem o tema principal das* Investigações.

É esse o tema subjacente às discussões sobre «a visão de algo como sendo alguma coisa», bem como às partes anteriores das Investigações. *E, de novo, constatamos que Wittgenstein transforma estas discussões numa exposição das dificuldades filosóficas, de uma maneira a que não recorreu no* Livro Castanho.

Durante uma curta época, Wittgenstein interessou-se pelo problema relativo a saber em que consiste «reconhecer algo como uma proposição» (mesmo que isso nos seja completamente desconhecido),

PREFÁCIO | XIX

ou reconhecer algo como linguagem – por exemplo, o reconhecimento de algo escrito – independente do reconhecimento do que quer dizer.

A segunda parte do Livro Castanho *decorre deste problema e mostra que quando tais «reconhecimentos» são correctamente percebidos, não devem conduzir aos tipos de questões formuladas pelos filósofos. As analogias que ele estabelece entre a compreensão de uma frase e a compreensão de um tema musical, por exemplo, ou entre a intenção de dizer que esta frase significa algo e a intenção de dizer que esta forma colorida exprime algo – mostram claramente que não se trata do reconhecimento de uma característica* geral *(a inteligibilidade, possivelmente) susceptível de ser explicada, tal como não faria sentido a pergunta sobre o que exprime a forma colorida.*

Mas por que motivo se sentiu a necessidade de falar, por exemplo a este propósito, de «metalógica»? O Livro Castanho *esboça uma explicação e deixa entrever algo mais. Mas existe algo na maneira como utilizamos a linguagem, e na relação entre a linguagem e o pensamento – o poder de um argumento e, em geral, o poder das expressões – que dá a impressão de o seu reconhecimento como uma linguagem ser mesmo muito diferente do seu reconhecimento como um lance num jogo. (Como se a compreensão fosse algo que nada tivesse a ver com os signos; e como se qualquer coisa que não é visível no próprio sistema de signos fosse necessária para ele ser linguagem.) Wittgenstein tenta levar isto em linha de conta nas últimas secções das* Investigações.

Ele falou de «operações efectuadas com signos», daí o poder-se dizer «É como se fizéssemos funcionar um mecanismo como outro lado qualquer. Se é apenas disso que se trata – de um mecanismo – então isso não é uma linguagem». É impossível responder a esta objecção em poucas palavras. Mas o problema é importante. Também o é a questão relativa ao que pretendemos dizer, por exemplo, quando falamos de «pensar com signos». O que é isso? E a alusão aos traços feitos com um lápis num papel é de facto proveitosa?

A maior parte *destes problemas pode ser resolvida acentuando o facto de a escrita e a palavra serem próprias das relações com outras pessoas. E nesse contexto que os signos adquirem vida, e é por isso que a linguagem não é apenas um mecanismo.*

Mas pode-se objectar que alguém poder fazer tudo isso, utilizar correctamente os signos no «jogo» com outras pessoas e viver sem problemas, mesmo sendo «cego ao sentido». Wittgenstein usou essa expressão por analogia com «cego às cores» e «surdo ao tom». Se eu pronunciar uma palavra ambígua, como por exemplo «vale» e perguntar a alguém qual o sentido que lhe atribui ao ouvi-la, poderá responder-me que pensa numa linda depressão entre duas montanhas ou talvez num vale telegráfico. Não será possível imaginar alguém para quem essa pergunta não fosse compreensível? Se perante essa pessoa se pronunciasse unicamente uma palavra, ela não lhe transmitiria qualquer sentido. E contudo ela poderia «responder com palavras» às frases e outras elocuções, e também a situações com que se defrontasse e reagir correctamente. Ou não será possível imaginar isso? Wittgenstein, segundo penso, não tinha a certeza. Se um homem fosse «cego ao sentido», seria ainda capaz de utilizar a linguagem? Ou a percepção do sentido é independente do uso da linguagem?

Há qualquer coisa que soa a falso na última pergunta; no próprio facto de a fazer. Mas ela parece revelar que ainda existe algo de pouco claro na nossa noção do «uso da linguagem».

Ou se acentuarmos simplesmente, de novo, que os signos são próprios das relações com outras pessoas, o que diremos do papel da «intuição» em relação às matemáticas e à descoberta de provas, por exemplo?

Enquanto persistirem estas dificuldades, continuar-se-á a pensar que deverá existir algo como uma interpretação. Continuar-se-á a pensar que se algo é linguagem então deve significar para mim alguma coisa, etc. E por este motivo – com o fim de tentar compreender qual a natureza destas dificuldades – foi necessário a Wittgenstein ocupar-se desse assunto complicado que é a «visão de algo como sendo qualquer coisa», do modo como o estava a fazer.

E o método tem de ser aí um tanto diferente. Não se pode esperar tanto dos jogos de linguagem.

Março, 1958
R.R.

O Livro Azul

O que é o sentido de uma palavra? Abordemos esta questão perguntando, em primeiro lugar, o que é uma explicação do sentido de uma palavra; a que se assemelha a explicação de uma palavra? Esta questão ajuda-nos de modo análogo ao modo como a questão «como é que medimos um comprimento?» nos ajuda a compreender o problema «o que é o comprimento?» As questões «O que é o comprimento?», «O que é o sentido?», «O que é o número um?» etc., causam-nos um constrangimento mental. Sentimos que para lhes dar respostas deveríamos apontar para algo e contudo sentimos que não podemos apontar para nada. (Enfrentamos uma das grandes fontes da desorientação filosófica: um substantivo faz-nos procurar uma coisa que lhe corresponda.)
Perguntar, em primeiro lugar, «O que é uma explicação do sentido?» tem duas vantagens. Num certo sentido, faz regressar à terra a questão «o que é o sentido?», porquanto para compreender o sentido de «sentido» dever-se-ia também, sem dúvida, compreender o sentido de «explicação do sentido». Numa palavra: «perguntemos o que é a explicação do sentido, visto que seja o que for que ela explique, isso será

o sentido». O estudo da gramática da expressão «explicação do sentido» revelar-nos-á algo sobre a gramática da palavra «sentido» e curar-nos-á da tentação de procurar à nossa volta um objecto a que se pudesse chamar «o sentido».

O que geralmente se chama «explicações do sentido de uma palavra» pode, *muito grosseiramente,* ser dividido em definições verbais e ostensivas. Ver-se-á mais tarde em que sentido esta divisão é apenas imperfeita e provisória (e o facto de o ser constitui um aspecto importante). A definição verbal, visto que nos conduz de uma expressão verbal a outra, não nos leva, num certo sentido, mais longe. Na definição ostensiva, contudo, parecemos aproximar-nos, de um modo mais efectivo, de conhecimento do sentido.

Uma dificuldade com que nos chocamos consiste no facto de que parece não existirem definições ostensivas para muitas palavras na nossa linguagem; e. g. para palavras como «um», «número», «não», etc.

Questão: Será necessário compreender a própria definição ostensiva? – Não poderá a definição ostensiva ser mal compreendida?

Se a definição explica o sentido de uma palavra, não é, sem dúvida, essencial que a palavra tenha sido ouvida anteriormente. *Atribuir-lhe* um sentido é o dever da definição ostensiva. Expliquemos, então, a palavra «tove» apontando para um lápis e dizendo «isto é tove». (Em vez de «isto é tove» podia aqui ter dito «isto chama-se "tove"». Chamo a atenção para isto para eliminar, de uma vez por todas, a ideia de que as palavras da definição ostensiva predicam algo do definido; a confusão entre a frase «isto é vermelho», atribuindo a cor vermelha a qualquer coisa, e a definição ostensiva «isto chama-se "vermelho"».) Ora a definição ostensiva «isto é tove» pode ser interpretada de múltiplas maneiras. Apresentarei algumas dessas interpretações utilizando palavras de uso corrente. A definição pode pois ser interpretada como significando:

«Isto é um lápis»,
«Isto é madeira»,
«Isto é um»,
«Isto é duro», etc. etc.

Pode opor-se a este argumento o facto de que todas estas interpretações pressupõem outra linguagem verbal; e esta objecção é digna de nota se por «interpretação» pretendermos apenas a dizer «tradução numa linguagem verbal». Farei algumas sugestões que poderão tornar isto mais claro. Interroguemo-nos sobre qual é o nosso critério quando afirmamos que alguém interpretou a definição ostensiva de um modo particular. Suponhamos que eu dou a um inglês a definição ostensiva «isto é o que os alemães chamam "Buch"». Nesse caso, na grande maioria dos casos de qualquer modo, a palavra inglesa «book» ocorrerá ao pensamento do inglês. Podemos afirmar que ele interpretou «Buch» como significando «book». As circunstâncias serão diferentes se, por exemplo, apontarmos para uma coisa que ele nunca viu antes e dissermos: «isto é um banjo». Possivelmente será nesse caso a palavra «guitarra» que lhe ocorrerá ao pensamento, ou nenhuma palavra mas sim a imagem de um instrumento semelhante, ou possivelmente nada. Então no caso de eu lhe ordenar «escolhe de entre estas coisas um banjo», se ele escolher aquilo a que chamamos um «banjo» podemos dizer que «ele deu a interpretação correcta à palavra "banjo"»; se ele escolher outro instrumento qualquer, diremos que «ele interpretou "banjo" como significando "instrumento de cordas"».

Dizemos que «ele deu à palavra "banjo" esta ou aquela interpretação», e inclinamo-nos a presumir um acto determinado de interpretação, para além do acto de escolha. O nosso problema é análogo ao que se segue: Se eu der a alguém a ordem: «traz-me uma flor vermelha daquele prado», como é que ele pode saber qual o tipo de flor que há-de trazer, se eu apenas lhe dei uma *palavra*? A primeira resposta que se pode alvitrar é a de que foi procurar uma flor vermelha tendo em mente uma imagem vermelha, e comparando-a com as flores para ver qual delas tinha a cor da imagem. Ora, de facto, essa maneira de procurar existe, e não é de modo nenhum essencial que a imagem utilizada seja mental. De facto, o processo pode ser o seguinte: levo uma tabela que faça corresponder nomes a quadrados coloridos. Quando ouço a ordem «traz-me etc.» traço com o meu dedo uma linha, partindo da palavra «vermelho» até um certo quadrado, e procuro uma flor que tenha a mesma cor do quadrado. Mas esta não é a única maneira de procurar e não é a habitualmente utilizada. Olhamos à nossa volta, dirigimo-nos para uma flor e colhêmo-la sem a comparar com o que quer que seja. Para verificar que o processo de execução da ordem pode ser deste tipo, considerem a ordem *«imagina* uma mancha vermelha». Neste caso, não serão tentados a pensar que *antes* de a executarem devem imaginar uma mancha vermelha que vos sirva de modelo para a mancha vermelha que vos foi pedido que imaginassem.

Ora poderiam perguntar: *interpretamos* as palavras antes de executarmos a ordem? E nalguns casos constatarão que fazem algo que poderia ser chamado interpretar, antes de executar, noutros não.

Certos processos mentais *definidos* parecem ser inseparáveis do funcionamento da linguagem, sendo os únicos a condicioná-lo. Refiro-me aos processos de compreensão e significação. Os signos da nossa linguagem parecem não ter vida sem estes processos mentais; e poderia ter-se a impressão de que a única função dos signos é a de induzir tais processos e de que estes são, na realidade, as únicas coisas em que deveríamos estar interessados. Por conseguinte, se vos perguntarem qual é a relação entre um nome e a coisa que ele designa, sentir-se-ão inclinados a responder que se trata de uma relação psicológica, e possivelmente pensarão especificamente, ao dizerem isto, no mecanismo da associação. Somos tentados a pensar que o mecanismo da linguagem é composto por duas partes; uma parte inorgânica, a manipulação dos signos, e uma parte orgânica, a que podemos chamar a compreensão destes signos, a atribuição de sentido a estes signos, a sua interpretação, o pensamento. Estas últimas actividades parecem decorrer num meio fora do vulgar, o espírito; e o mecanismo do espírito, cuja natureza, segundo parece, não compreendemos completamente, pode produzir efeitos não susceptíveis de serem provocados por um mecanismo material. Assim, por exemplo, um pensamento (que é um processo mental desse tipo) pode ou não estar de acordo com a realidade; posso pensar num homem que não está presente; sou capaz de o imaginar, de me referir a ele num qualquer comentário a seu respeito, mesmo que ele se encontre a milhares de quilómetros, mesmo que esteja morto. «Estranho mecanismo, o do desejo», poderá dizer-se, «que me permite desejar o que nunca acontecerá».

Apenas existe uma maneira de evitar, pelo menos parcialmente, a aparência misteriosa dos processos de pensamento, que é a de substituir, nestes processos, qualquer influência da imaginação pelo exame de objectos reais. Deste modo, pelo menos em certos casos, pode parecer necessário que eu tenha em mente uma imagem vermelha para compreender a palavra «vermelho». Mas porque não hei-de substituir a mancha vermelha imaginária pela visão de um pedaço de papel vermelho? A imagem visual só poderá ser mais viva.

Imaginem um homem que traz sempre no bolso uma folha de papel na qual os nomes das cores correspondem a manchas coloridas. Dir-me-ão que é incomodativo transportar uma tabela desse tipo, e que utilizamos sempre, em vez disso, o mecanismo da associação. Mas isto é irrevelante, e em muitos casos nem sequer é verdadeiro. Se, por exemplo, vos fosse pedido para pintarem uma tonalidade especial de azul, chamada «azul-de-prússia», poderiam ter de utilizar uma tabela que vos levasse da palavra «azul-de-prússia» a uma amostra da cor, que serviria de modelo.

Poderíamos muitíssimo bem, quando isso se demonstrasse útil, substituir todos os processos de imaginação pela visão de um objecto ou pela pintura, o desenho, ou a modelagem, assim como em vez de se falar para si próprio se poderia escrever ou falar em voz alta.

Frege ridicularizou a concepção formalista das matemáticas, afirmando que os formalistas confundiam aquilo que pouca importância tem, o signo, com o que é importante, o sentido. De facto, as matemáticas não tratam de símbolos num bocado de papel. A ideia de Frege poderia ser expressa do seguinte modo: as proposições da matemática seriam inertes e totalmente desinteressantes, se fossem simplesmente conjuntos de símbolos, ao passo que elas apresentam nitidamente uma espécie de vida. E o mesmo poderia, evidentemente, ser dito de qualquer proposição. Sem um sentido, ou sem o pensamento, uma proposição seria uma coisa trivial e totalmente inerte. Parece ser claro, para além disso, que a adição de signos inorgânicos não pode dar vida a uma proposição. A conclusão que se pode extrair daqui é de que aquilo que deve ser adicionado aos signos inertes para que eles se transformem numa proposição viva é algo de imaterial, dotado de propriedades diferentes das dos simples signos.

Mas se tivéssemos de mencionar o que anima o signo, diríamos que é a sua *utilização*.

Se o sentido do signo (grosseiramente, aquilo que é importante acerca do signo) é uma imagem formada nas nossas mentes quando vemos ou ouvimos o signo, então adoptemos, em primeiro lugar, o método, que acabámos de descrever, de substituir esta imagem mental por um objecto exterior visível, por exemplo, uma imagem pintada ou modelada. Nesse caso, se o signo escrito sozinho era inerte, por que motivo se animaria quando tomado em conjunto com a imagem pintada? – De facto, logo que pensam em substituir a imagem mental por, digamos, uma imagem pintada, e logo que, desse modo, a imagem perde o seu carácter misterioso, ela deixa absolutamente de parecer transmitir qualquer vida à frase. (De facto era justamente este o carácter misterioso do processo mental que vos era necessário.)

O erro que estamos sujeitos a cometer poderia ser expresso deste modo: procuramos o uso de um signo, mas fazemo-lo como se ele fosse um objecto *coexistente* com o signo. (Uma das causas deste erro é, de novo, o facto de estarmos à procura de uma «coisa correspondente a um substantivo.»)

O signo (a frase) obtém o seu significado do sistema de signos, da linguagem à qual pertence. Numa palavra: compreender uma frase significa compreender uma linguagem.

A frase tem vida, pode dizer-se, enquanto parte integrante do sistema da linguagem. Mas é-se tentado a imaginar o que dá vida à frase como algo que, numa esfera misteriosa, com ela coexiste. Mas, seja o que for que com ela coexista, será para nós apenas um outro signo.

O que confere ao pensamento o seu carácter peculiar parece ser, à primeira vista, um encadeamento de estados mentais, e o que parece ser singular e difícil de compreender relativamente ao pensamento são os processos que ocorrem no espírito e que apenas são possíveis neste meio. Somos levados a comparar o meio mental com o protoplasma de uma célula, por exemplo, de uma amiba. Observamos certas acções da amiba, a maneira como se alimenta recorrendo a extensões do corpo celular, a sua divisão em células gémeas, cada-uma das quais se desenvolve e comporta como a célula original. «Para que o protoplasma aja desse modo, deve ter uma natureza peculiar», é o que dizemos, e possivelmente supomos que nenhum mecanismo físico poderia comportar-se desta maneira e que o mecanismo da amiba deve ser de um tipo completamente diferente. Somos tentados do mesmo modo a afirmar: «para que o espírito seja capaz de fazer o que faz, o seu mecanismo deve ser de um tipo muitíssimo peculiar». Mas aqui estamos a cometer dois erros, visto que, o que *nos* chamou a atenção, pelo seu carácter singular, relativamente ao pensamento e ao acto de pensar não foi de nenhum modo o facto de ele ter efeitos curiosos que não éramos ainda capazes de explicar (causalmente). Por outras palavras, o nosso problema não era um problema científico, mas sim uma confusão, sentida como um problema.

Suponhamos que tentávamos construir, como resultado de investigações psicológicas, um modelo do espírito que, na nossa opinião, explicaria a acção do espírito. Este modelo seria parte de uma teoria psicológica, da mesma maneira que um modelo mecânico do éter pode ser parte de uma teoria da electricidade. (Um tal modelo, a propósito, faz sempre parte do *simbolismo* de uma teoria. A sua vantagem pode consistir no facto de poder ser rapidamente compreendido e facilmente retido no espírito. Disse-se que um modelo, num certo sentido, veste uma teoria pura, sendo a teoria *nua* composta por frases ou equações. Voltaremos mais tarde a isto para um exame mais atento.)

Poderia pensar-se, que um tal modelo do espírito teria de ser muito complicado e intricado, de modo a explicar as actividades mentais observadas; e por este motivo poderíamos considerar o espírito como um meio de uma espécie singular.

Mas este aspecto do espírito não nos interessa. Os problemas que ele pode levantar são problemas psicológicos e o método para os solucionar é o das ciências naturais.

Ora, se não estamos interessados nas relações causais, então as actividades do espírito estão expostas perante nós. E quando nos preocupamos com a natureza do pensamento, a perplexidade, que interpretamos erradamente como dizendo respeito à natureza de um meio, é a perplexidade provocada pelo uso mistificador da nossa linguagem. Este tipo de erro ocorre frequentemente em filosofia; por exemplo quando nos interrogamos sobre a natureza do tempo, quando o tempo nos parece ser uma *coisa fora do vulgar*. Temos uma tendência muito forte para pensar que existem coisas que se ocultam, coisas que vemos do exterior mas que não podemos penetrar. E contudo nada disso acontece. Não pretendemos conhecer novos factos sobre o tempo. Todos os factos que nos interessam encontram-se expostos perante nós. Mas é o uso do substantivo «tempo» que nos confunde. Se examinarmos a gramática dessa palavra, reconhecermos que a divinização do tempo é tão surpreendente quanto o seria a divinização da negação ou da disjunção.

Por conseguinte, é enganador falar do pensamento como se se tratasse de uma «actividade mental». Podemos dizer que o pensamento é essencialmente a actividade que opera com signos. Esta actividade é realizada pela mão, quando pensamos por intermédio da escrita; pela boca e pela laringe, quando pensamos por intermédio da fala; e se pensamos imaginando signos ou imagens, é-me impossível mostrar-vos qualquer princípio activo pensante. Se então me disserem, que em tais casos, o espírito pensa, apenas chamarei a vossa atenção para o facto de estarem a usar uma metáfora, de o espírito ser aqui um agente num sentido diferente daquele que nos leva a considerar a mão como um agente na escrita.

Se discutirmos de novo sobre a localização da ocorrência do pensamento, temos o direito de afirmar que ela corresponde ao papel em que escrevemos ou à boca que fala. E se falarmos da cabeça ou do cérebro como sede do pensamento, isto corresponderá a uma utilização da expressão «localização do pensamento» num sentido completamente diferente. Examinemos as razões que levam a que se considere a cabeça como a sede do pensamento. Não é nossa intenção criticar esta forma de expressão, ou mostrar que ela não é apropriada. O que devemos fazer é o seguinte: compreender o seu funcionamento, a sua gramática, ver, por exemplo, qual a relação que esta gramática tem com a da expressão «pensamos com a nossa boca», ou «pensamos com um lápis numa folha de papel».

A principal razão da nossa forte inclinação para falar da cabeça como a sede dos nossos pensamentos é possivelmente a que se se segue: a existência das palavras «pensamento» e «pensar» paralelamente à de palavras que denotam actividades (corporais), como escrever, falar, etc., leva-nos a procurar uma actividade diferente destas mas a elas análoga, correspondente à palavra «pensamento». Quando as palavras na nossa linguagem vulgar têm, à primeira vista, gramáticas análogas, tendemos a tentar interpretá-las de modo análogo; isto é, tentamos manter a analogia a qualquer preço. – «O pensamento, dizemos, é algo de distinto da frase, visto que uma frase em inglês e outra em francês, sendo completamente diferentes, podem expressar o mesmo pensamento». Nestas circunstâncias, como as frases se encontram *num qualquer lugar,* procuramos um lugar para o pensamento. (É como se procurássemos o lugar do rei, tal qual é definido pelas regras do xadrez, em sítio diferente daquele que é ocupado pelos diversos pedaços de madeira, que são os reis dos diversos jogos.) – «O pensamento, dizemos, é sem dúvida *algo;* ele não é um "nada"»; e a única resposta que podemos dar a isto é a de que a palavra «pensamento» tem o seu *uso*, que é de um tipo completamente diferente do uso da palavra «frase». Ora quererá isto dizer que é absurdo falar de uma localização da ocorrência do pensamento? De modo algum. Esta expressão tem sentido se lhe dermos sentido. Se dissermos: «o pensamento ocorre nas nossas cabeças» qual é, encarando-a seriamente, o sentido desta expressão? Presumo que seja o de que certos processos fisiológicos correspondem aos nossos pensamentos de uma forma tal que se conhecermos a correspondência poderemos, observando esses processos, descobrir os pensamentos. Mas em que sentido se poderá dizer que os processos fisiológicos correspondem a pensamentos, e em que sentido se poderá dizer que atingimos os pensamentos a partir da observação do cérebro? Presumo que imaginamos que a correspondência foi verificada experimentalmente. Imaginemos grosseiramente uma tal experiência. Ela consiste em observar o cérebro de um indivíduo enquanto este pensa. Mas agora podem considerar que a razão pela qual a minha explicação irá falhar reside, sem dúvida, no facto de o experimentador apenas conhecer *indirectamente* os pensamentos do indivíduo, por intermédio deste, que os *expressará* de uma maneira ou outra. Afastarei esta dificuldade supondo que o indivíduo é simultaneamente o experimentador, que olha para o seu próprio cérebro recorrendo por exemplo a um espelho. (O carácter grosseiro desta descrição não reduz de modo algum a força do argumento.)

Nesse caso, pergunto-vos se o indivíduo-experimentador observará uma ou duas coisas? (Não me digam que ele observa uma só coisa, do interior e do exterior, visto que isto não afasta a dificuldade. Falaremos mais tarde de interior e exterior. ([1]) O indivíduo-experimentador observa uma

---

([1]) Cf. pp. 45 e 83 e segs.

correlação entre dois fenómenos. Um deles a que, possivelmente, chama o *pensamento*, pode consistir numa série de imagens, sensações orgânicas, ou, por outro lado, numa série de experiências visuais, tácteis e musculares variadas, que por ele são sentidas quando escreve ou profere uma frase.
– A outra experiência corresponde à observação do funcionamento do seu cérebro. Ambos os fenómenos poderiam ser correctamente chamados «expressões do pensamento»; e seria melhor de modo a impedir a confusão, rejeitar como absurda a questão «onde é que se encontra o pensamento?» Se, todavia, usamos a expressão «o pensamento ocorre na cabeça», demos a esta expressão o seu sentido através da descrição da experiência que justificaria a *hipótese* segundo o qual o pensamento ocorre nas nossas cabeças, através da descrição da experiência a que chamamos «observação do pensamento no nosso cérebro».

Esquecemos facilmente que a palavra «localização» é usada em muitos sentidos diferentes e que existem tipos de enunciados muito diferentes sobre uma coisa, a que podemos, num caso particular, de acordo com o uso corrente, chamar especificações da localização da coisa. Assim, disse-se do espaço visual que o seu lugar é na nossa cabeça e penso que, em parte, esta afirmação foi o resultado de um equívoco gramatical.

Posso dizer: «vejo, no meu campo visual, a imagem da árvore situada à direita da imagem da torre» ou «vejo a imagem da árvore no meio do campo visual». Sentimo-nos, neste caso, inclinados a perguntar, «e onde é que vês o campo visual?» Ora se o «onde» supõe a determinação de uma localização, no sentido em que especificámos a localização da imagem da árvore, chamaria então a vossa atenção para o facto de não terem ainda dado sentido a esta questão; isto é, para o facto de se terem baseado numa analogia gramatical, sem terem analisado a analogia detalhadamente.

Ao dizer que a ideia de que o nosso campo visual está localizado no nosso cérebro derivou de um equívoco gramatical, não foi minha intenção afirmar a impossibilidade de atribuição de sentido a uma tal especificação da localização. Poderíamos, por exemplo, imaginar facilmente uma experiência que descreveríamos por recurso a esse enunciado. Suponham que olhávamos para um grupo de objectos nesta sala, e que, enquanto o fazíamos, era introduzida nos nossos cérebros uma sonda, verificando-se que quando a extremidade da sonda atingia um ponto particular do cérebro, uma pequena porção do nosso campo visual desaparecia. Poder-se-ia deste modo estabelecer uma correspondência entre pontos do cérebro e partes da imagem visual, e isto permitir-nos-ia afirmar que o campo visual se localizava num determinado lugar do cérebro. Se agora se perguntar «Onde é que vês a imagem deste livro?» a resposta poderia ser (como anteriormente) «À direita daquele lápis», ou «Na parte esquerda do meu campo visual», ou ainda: «Sete centímetros por trás do meu olho esquerdo».

Mas se alguém nos disser: «Garanto-lhes que sinto que a imagem visual se encontra cinco centímetros por trás do osso do meu nariz»; – o que lhe poderemos responder? Diremos que ele não está a dizer a verdade, ou que tal sensação é impossível? E se ele nos perguntar «conhecem todas as sensações existentes? Como sabem que esta sensação não existe?»

E se o vedor nos disser que quando segura a vara *sente* que a água se encontra a dois metros de profundidade? Ou que *sente* que a dois metros de profundidade existe uma mistura de cobre e ouro? Suponham que face às nossas dúvidas ele respondia: «Vocês podem avaliar uma distancia quando a vêem. Por que razão não poderei eu avaliá-la de maneira diferente?»

Se compreendermos a ideia de uma tal avaliação, esclareceremos a natureza das nossas dúvidas sobre as afirmações do vedor, e do homem que dizia sentir a imagem visual por trás do osso do seu nariz.

Face às afirmações: «este lápis tem doze centímetros de comprimento» e «sinto que este lápis tem doze centímetros de comprimento», é-nos necessário esclarecer a relação existente entre a gramática da primeira e a da segunda. Gostaríamos de responder à afirmação «sinto na minha mão que a água se encontra a um metro de profundidade»: «Não sei o que isso *significa*». Mas o vedor diria: «Sem dúvida que sabes o que significa. Sabes o que significa "um metro de profundidade", e sabes o que significa "sinto"!» Ao que eu retorquiria: sei o que uma palavra significa *em certos contextos*. Assim eu compreendo a frase, «um metro de profundidade» quando, por exemplo, ela surge em contextos como: «A medição mostrou que a água se encontra a um metro de profundidade», «Se cavarmos a um metro de profundidade descobriremos água», «Calculo que a água se encontre a um metro de profundidade». Mas o uso da expressão «uma sensação nas minhas mãos de que a água se encontra a um metro de profundidade» tem ainda de me ser explicado.

Poderíamos perguntar ao vedor «como aprendeu o sentido da palavra "um metro"? Supomos que lhe tenham mostrado objectos com esse comprimento, que os tenha medido e outras coisas do mesmo género. Também o ensinaram a falar de uma sensação de que a água se encontra a um metro de profundidade, uma sensação, por exemplo, nas suas mãos? Se isso não aconteceu, o que o fez relacionar a palavra "um metro" com uma sensação na sua mão?» No caso de termos sempre avaliado comprimentos a olho, sem nunca os termos medido, como poderíamos avaliar um comprimento em centímetros medindo-o? Isto é, como interpretaríamos a experiência da medição em centímetros? O problema é o seguinte: qual a relação existente entre, por exemplo, uma sensação táctil e a experiência da medição de uma coisa por recurso a uma vara de metro? Esta relação mostrar-nos-á o que significa «sentir que uma coisa tem doze centímetros de comprimento». Admitamos, que o vedor dizia «nunca aprendi a correlacionar a profundidade a que a água se encontra no subsolo com sensações na minha mão, mas quando sinto uma certa tensão nas minhas mãos, as palavras "um metro" vêm-me repentinamente ao espírito». Responderíamos «eis uma excelente explicação do que quer dizer com "sensação de que a profundidade é de um metro", e a sua afirmação não tem outro sentido para além daquele que a sua explicação lhe deu. E se a experiência mostrar que a profundidade a que de facto se encontra a água concorda sempre com as palavras "n metros" que lhe vêm ao espírito, a sua sensação será muito útil para determinar a profundidade a que encontraremos água». – Mas, como vêem, o sentido das palavras «sinto que a água se encontra a uma profundidade de n metros» tinha de ser explicado; não o podíamos compreender se o sentido das palavras «n metros» fosse o usual (isto é, o de contextos habituais). – Não dizemos que o homem que nos diz sentir a imagem visual cinco centímetros por trás do osso do seu nariz nos está a mentir ou a dizer disparates. Mas afamamos que não compreendemos o sentido dessa frase. Ela combina palavras bem conhecidas, mas fá-lo de uma maneira que ainda não compreendemos. A gramática desta frase tem ainda de nos ser explicada.

A importância do exame cuidadoso da resposta do vedor reside no facto de pensarmos frequentemente que demos um sentido a uma afirmação P somente se declararmos *«sinto* (ou creio) que P é o caso». (Referir-nos-emos mais tarde ([2]) à afirmação do professor Hardy de que o teorema de Goldbach é uma proposição porque pode acreditar que ele é verdadeiro.) Já referimos que a mera explicação do sentido das palavras «um metro», da maneira habitual, não explica ainda o sentido da frase «sensação de que a água se encontra

---

([2]) Wittgenstein não cumpriu esta promessa (N. Org.).

a um metro etc.» Ora, não teríamos sentido estas dificuldades se o vedor tivesse dito que *aprendera* a avaliar a profundidade a que se encontra a água, por exemplo, escavando à procura de água sempre que experimentava uma sensação particular e correlacionando deste modo essas sensações com *medições* de profundidade. Devemos então examinar a relação do processo de *aprendizagem da avaliação* com o acto de avaliar. A importância deste exame reside no facto de se aplicar à relação entre a aprendizagem do sentido de uma palavra e a utilização da palavra. Ou, num sentido mais geral, no facto de revelar as diferentes relações possíveis entre uma dada regra e a sua aplicação.

Consideremos o processo de avaliação da distância a olho nu: é extremamente importante que tenham consciência da existência de muitos processos diferentes, a que chamamos «avaliação a olho».

Consideremos os seguintes casos: –

(1) Alguém me pergunta «como avaliaste a altura deste edifício?» Respondo: «Tem quatro andares, presumo que cada andar tenha cerca de cinco metros, portanto deve ter mais ou menos vinte metros de altura».

(2) Num outro caso: «Sei qual é aproximadamente, a esta distância, a aparência de um metro; portanto deve ter cerca de quatro metros».

(3) Ou noutro caso: «Um homem alto quase chegaria a este ponto; portanto ele deve estar mais ou menos a dois metros do chão».

(4) Ou finalmente: «Não sei, parece ter um metro».

Este último caso é susceptível de nos embaraçar. Se perguntarem «o que aconteceu neste caso quando o homem avaliou a distância?» a resposta correcta pode ser: «ele *olhou* para o objecto e disse "parece ter um metro de comprimento"». Pode ter sido apenas isto o que aconteceu.

Dissemos anteriormente que não nos teríamos sentido desorientados com a resposta do vedor se ele nos tivesse dito que *aprendera* a avaliar a profundidade. Ora a aprendizagem da avaliação pode, falando de uma maneira geral, ser considerada segundo duas relações diferentes com o acto de avaliar: ou como uma causa do fenómeno da avaliação, ou como proporcionadora de uma regra (uma tabela, um gráfico, ou algo do mesmo género) que utilizamos quando avaliamos.

Suponhamos que eu ensino a alguém o uso da palavra «amarelo», apontando repetidamente para uma mancha amarela e pronunciando a palavra. Numa outra ocasião faço-o aplicar o que aprendeu dando-lhe a seguinte ordem: «escolhe de dentro deste saco uma bola amarela». O que se passou quando ele obedeceu à minha ordem? Direi que «possivelmente passou-se apenas isto: ele ouviu as minhas palavras e tirou uma bola amarela do saco». Podem imediatamente sentir-se inclinados a pensar que isto não pode ter sido tudo o que se passou; e o *tipo* de coisa que sugeririam é a de que ele imaginou algo amarelo quando *compreendeu* a ordem, tendo em seguida escolhido a bola de acordo com a sua imagem. Para perceber que isto não é *necessário* lembrem-se de que eu lhe podia ter dado a ordem «Imagina uma mancha amarela». Sentir-se-iam ainda inclinados a supor que ele imagina em primeiro lugar uma mancha amarela, apenas *compreendendo* a minha ordem, e que em seguida imagina uma mancha amarela que se assemelhe à primeira? (Não quero dizer que isto não seja possível, o facto de o apresentar o desta maneira apenas vos mostra, de imediato, que não é necessário que isto aconteça. Isto, a propósito, ilustra o método da filosofia.)

Se o sentido da palavra «amarelo» nos for ensinado por recurso a uma qualquer espécie de definição ostensiva (uma regra para o uso da palavra) este ensino pode ser considerado de duas maneiras diferentes.

A. O ensino é uma repetição. Esta repetição leva-nos a associar uma imagem amarela, coisas amarelas, com a palavra «amarelo». Assim, quando eu dei a ordem «escolhe de dentro deste saco uma bola amarela», a palavra «amarelo» pode ter produzido uma imagem amarela, ou uma sensação de reconhecimento quando o olhar da pessoa incidiu sobre a bola amarela. Poderia dizer-se, neste caso, que a repetição do ensino edificou um mecanismo psíquico. Isto, todavia, seria apenas uma hipótese, quando não uma metáfora. Poderíamos *comparar* o ensino com a instalação de uma ligação eléctrica entre um interruptor e uma lâmpada. O paralelo com a falha da ligação ou com a sua avaria seria, nesse caso, aquilo a que chamamos o esquecimento da explicação, ou do sentido, da palavra. (Será conveniente voltar a abordar o sentido de «esquecimento do sentido de uma palavra» ([3]).

Na medida em que ocasiona a associação, a sensação de reconhecimento, etc. etc., o ensino é a causa dos fenómenos de compreensão, da execução de uma ordem, etc.; a necessidade do processo de ensino para a produção destes efeitos é uma hipótese. É concebível, neste sentido, que *todos* os processos de compreensão, de execução de uma ordem, etc. pudessem ter acontecido sem que a linguagem tivesse alguma vez sido ensinada à pessoa (Isto parece, precisamente agora, extremamente paradoxal).

B. O ensino pode ter-nos proporcionado uma regra que está envolvida nos processos de compreensão, execução de uma ordem, etc.; «envolvida» significando, contudo, que a expressão desta regra faz parte destes processos.

Devemos fazer a distinção entre o que se poderia chamar «um processo *em conformidade com* uma regra», e, «um processo envolvendo uma regra» (no sentido acima referido).

([3]) Wittgenstein não volta a referir este assunto.

Tomemos um exemplo. Alguém me ensina a elevar números ao quadrado. Ele escreve a série:

1 2 3 4,

e pede-me para os elevar ao quadrado. (Substituirei de novo, neste caso, quaisquer processos que ocorram «no espírito» por processos de cálculo no papel). Suponham que eu escrevo então por baixo da primeira série de números, a série:

1 4 9 16.

O que eu escrevi está em conformidade com a regra geral da elevação ao quadrado; mas está também obviamente em conformidade com um grande número de outras regras; e não em maior ou menor graus com uma ou outra de entre estas. *Nenhuma* regra esteve aqui envolvida, no sentido a que nos referimos anteriormente do envolvimento de uma regra num processo. Suponhamos que para obter os meus resultados eu calculei 1×1, 2×2, 3×3, 4×4 (isto é, escrevi neste caso os cálculos); de novo isto estaria em conformidade com um grande número de regras. Suponhamos, por outro lado, que para obter os meus resultados eu tinha escrito, por exemplo recorrendo a notação algébrica, o que podem chamar «a regra da elevação ao quadrado». Neste caso, esta regra estava envolvida num sentido do qual todas as outras se encontravam excluídas.

Diremos que a regra está *envolvida* na compreensão, na execução de uma ordem, etc., se como gostaria de dizer, o símbolo da regra faz parte do cálculo. (Como não estamos interessados no local em que os processos do pensamento, do cálculo, ocorrem, podemos imaginar em nosso proveito que os cálculos foram feitos na sua totalidade no papel. Não estamos preocupados com a diferença entre interno e externo.)

Um exemplo característico do caso B seria o de um ensino que nos proporcionasse uma tabela que utilizaríamos na realidade para compreender, executar uma ordem, etc. Se formos ensinados a jogar xadrez, poderão ensinar-nos regras. Se depois jogarmos xadrez, estas regras não estarão necessariamente envolvidas no jogo. Mas poderão estar. Imaginem, por exemplo, que as regras eram expressas sob a forma de uma tabela. Numa coluna estariam representadas as peças, e numa coluna paralela encontraríamos diagramas que mostrariam a «liberdade» (os movimentos reconhecidos como legítimos) das peças. Suponham agora que o modo como o jogo é jogado envolve a deslocação do dedo do jogador sobre a tabela, da representação da peça até aos movimentos possíveis, para depois executar um desses movimentos. O ensino como história hipotética das nossas acções subsequentes (compreensão, execução de uma ordem, avaliação de um comprimento, etc.) é posto de parte pelas nossas considerações. A regra que foi ensinada e é subsequentemente aplicada apenas nos interessa na medida em que está envolvida na aplicação. Uma regra, tanto quanto nos interessa, não age à distância.

Suponham que eu apontava para um bocado de papel e dizia a alguém: «chamo "vermelho" a esta cor». Mais tarde dava-lhe a ordem: «agora pinta uma mancha vermelha». Em seguida perguntava-lhe: «porque é que, ao executares a minha ordem, pintaste precisamente esta cor?» A sua resposta poderia ser, neste caso: «Esta cor (apontando para a amostra que eu lhe tinha mostrado) chamava-se vermelho, e a mancha que pintei tem, como pode ver, a cor da amostra». Ele deu-me assim, uma razão para o facto de ter executado a ordem da maneira como o fez. Dar uma razão para algo que se fez ou disse significa mostrar um *caminho* que conduz a esta acção. Nalguns casos significa descrever o caminho que se utilizou; noutro significa descrever o caminho que aí conduz e que está em conformidade com certas regras aceites. Assim, quando se perguntou à pessoa «porque executaste a minha ordem pintando precisamente esta cor?», ela poderia ter descrito o caminho que realmente utilizara para chegar a este tom particular de cor. Isso teria acontecido se, ao ouvir a palavra «vermelho», tivesse segurado a amostra que eu lhe mostrara, designada pela palavra «vermelho», e tivesse *copiado* a amostra ao pintar a mancha. Por outro lado poderia tê-la pintado «automaticamente» ou a partir de uma imagem guardada na memória, podendo, ainda assim, apontar para a amostra quando lhe fosse pedido que desse uma razão, mostrando que ela condizia com a mancha que pintara. Neste último caso a razão apresentada teria sido de segundo tipo; isto é, uma justificação *post hoc*.

Ora, se se pensar que não seria possível compreender e executar a ordem sem um ensino prévio, o ensino é encarado como proporcionando uma *razão* para se fazer o que se fez; como proporcionando o caminho que se segue. Existe a ideia de que se uma ordem é compreendida e executada deve haver uma razão para a executarmos como o fazemos; deve mesmo haver uma cadeia de razões que remonta até ao infinito. É como se se dissesse: «Esteja onde estiver, chegou aí vindo de um qualquer outro lugar, e a esse outro lugar vindo de um outro lugar; e assim por diante *ad infinitum*». (Se, por outro lado, tivessem dito «esteja onde estiver, *poderia* ter aí chegado vindo de um outro lugar situado a um metro de distância; e a esse outro lugar de um terceiro também a um metro de distância, e assim por diante *ad infinitum*», se tivessem dito isto teriam salientado a infinita *possibilidade* de avançar um passo. Assim a ideia de uma cadeia infinita de razões surge de uma confusão semelhante a esta: que uma linha de um certo comprimento se compõe de um número infinito de partes porque é infinitamente divisível; isto é, porque não existe um termo para a possibilidade de a dividir.)

Se, por outro lado, admitirem que a cadeia de razões *reais* tem um início, deixarão de sentir aversão pela ideia de um caso em que não exista *qualquer* razão para que a ordem seja executada de uma determinada maneira. Chegados a este ponto, surge-nos contudo uma outra confusão: a que se estabelece entre razão e causa. É-se levado a esta confusão pelo uso ambíguo da palavra «porquê». Assim, quando a cadeia de razões chegou a um termo e ainda se pergunta «porquê?», sentimo-nos inclinados a indicar uma causa em lugar de uma razão. Se, por exemplo, quando vos é feita a pergunta, «porque é que pintaram precisamente esta cor quando vos disse para pintarem uma mancha vermelha?» responderem: «mostraram-me uma amostra desta cor e ao mesmo tempo pronunciaram a palavra "vermelho"; por conseguinte quando ouço a palavra "vermelho" esta cor vem-me sempre ao espírito», o que indicaram é uma causa da vossa acção e não uma razão.

A proposição segundo a qual a vossa acção tem uma determinada causa, é uma hipótese. A hipótese terá fundamento se um certo número de experiências forem, falando de uma maneira geral, concordantes, na demonstração de que a vossa acção é a consequência habitual de certas condições que, nesse caso, chamamos causas da acção. Para saber qual a razão para fazerem uma determinada afirmação, para agirem de uma determinada maneira, etc., não é necessário um qualquer número de experiências concordantes, e a exposição da vossa razão não é uma hipótese. A diferença entre as gramáticas de «razão» e «causa» é bastante semelhante à diferença entre as gramáticas de «motivo» e «causa». Da causa pode dizer-se que não se pode *conhecê-la, mas* apenas *conjecturá-la.* Por outro lado diz-se frequentemente: «Sem dúvida que sei por que o fiz» falando do *motivo.* Quando digo: «apenas podemos *conjecturar* a causa mas *conhecemos* o motivo», esta afirmação, como veremos mais tarde, é gramatical. O «podemos» refere-se a uma possibilidade *lógica.*

O duplo uso da palavra «porquê», aplicando-se tanto à causa como ao motivo, juntamente com a ideia de que podemos conhecer e não apenas conjecturar os nossos motivos, dá origem à confusão que nos leva a considerar o motivo como uma causa de que temos conhecimento imediato, uma causa «observada interiormente», ou revelada pela experiência.

– Dar uma razão é como apresentar um cálculo que tivesse permitido a obtenção de um certo resultado.

Voltemos à afirmação de que o pensamento consiste essencialmente em operar com signos. A minha posição era a de que dizer-se que «o pensamento é uma actividade mental» nos sujeitava a sermos induzidos em erro. A questão sobre qual o tipo de actividade representada pelo pensamento, é análoga a esta: «Onde ocorre o pensamento?» Podemos responder: num papel, na nossa cabeça, no espírito. Nenhuma destas afirmações acerca da localização fornece a localização do pensamento. O uso de todas estas especificações é correcto, mas não devemos ser induzidos em erro pela semelhança da sua forma linguística, aceitando uma falsa concepção da sua gramática. Como, por exemplo, quando dizemos: «A nossa cabeça é sem dúvida o *verdadeiro* lugar do pensamento». O mesmo se aplica à ideia do pensamento como uma actividade. E correcto dizer que o pensamento é uma actividade da mão que escreve, da laringe, da nossa cabeça e do nosso espírito, desde que se compreenda a gramática destas afirmações. E é, além disso, extremamente importante ter consciência de como, pela má compreensão da gramática das nossas expressões, somos levados a pensar numa destas afirmações em particular como indicando a verdadeira sede da actividade do pensamento.

Uma objecção que se pode levantar à declaração de que o pensamento é algo de semelhante a uma actividade da mão, corresponde à afirmação de que o pensamento faz parte da nossa «experiência privada». Não é material, mas um facto da consciência privada. Esta objecção é expressa na questão: «pode uma máquina pensar?» Voltarei a referir-me a este assunto (⁴), e remeter-vos-ei agora apenas para uma questão análoga: «pode uma máquina ter dores de dentes?» Sentir-se-ão certamente inclinados a responder: «Uma máquina não pode ter dores de dentes». Resta-me, neste momento, chamar a vossa atenção para o uso que fizeram da palavra «pode» e perguntar-vos: «Era vossa intenção dizerem que toda a vossa experiência passada mostrou que uma máquina nunca deve ter dores de dentes?» A impossibilidade de que falam é uma impossibilidade lógica. A questão é: Qual é a relação entre o pensamento (ou a dor de dentes) e o indivíduo que pensa, tem dor de dentes, etc.? De momento nada mais acrescentarei sobre este assunto.

Se dizemos que o pensamento é essencialmente uma operação com signos a primeira questão que poderão levantar é: «O que são signos?». Em vez de dar a esta questão uma qualquer resposta geral, propor-vos-ei um exame atento de casos particulares do que chamaríamos «operar com signos». Consideremos um exemplo simples de operação com palavras. Dou a alguém a ordem: «Traz-me seis maçãs do merceeiro», e descrevo o modo como executar essa ordem. As palavras «seis maçãs» estão escritas num bocado de papel, o papel é entregue ao merceeiro, o merceeiro compara a palavra «maçã» com etiquetas existentes em diferentes prateleiras. Ele descobre que a palavra concorda com uma das etiquetas, conta de 1 até ao número escrito na tira de papel, e por cada número contado tira da prateleira um fruto e põe-no num saco. E aqui têm um caso do uso de palavras. De futuro, chamarei muitas vezes a vossa atenção para aquilo a que chamarei jogos de linguagem. Estes são maneiras mais

---

(⁴) Ver p. 88 para mais algumas referências a este assunto.

simples de usar signos do que as da nossa linguagem altamente complicada de todos os dias. Os jogos de linguagem são as formas de linguagem com que a criança começa a fazer uso das palavras. O estudo dos jogos de linguagem é o estudo de formas primitivas da linguagem ou de linguagens primitivas. Se pretendemos estudar os problemas da verdade e da falsidade, de acordo e desacordo de preposições com a realidade, da natureza da asserção, da suposição e da interrogação, teremos toda a vantagem em examinar as formas primitivas da linguagem em que estas formas de pensamento surgem, sem o pano de fundo perturbador de processos de pensamento muito complicados. Quando examinamos essas formas simples de linguagem, a névoa mental que parece encobrir o uso habitual da linguagem desaparece. Descobrimos actividades, reacções, que são nítidas e transparentes. Por outro lado, reconhecemos, nestes processos simples, formas de linguagem que não diferem essencialmente das nossas formas mais complicadas. Apercebemo-nos da possibilidade de construir as formas complicadas pela adição gradual de novas formas a partir das formas primitivas.

O que torna difícil seguir esta linha de investigação é o nosso desejo de generalidade.

Este desejo de generalidade é resultante de um certo número de tendências relacionadas com confusões filosóficas particulares. Por exemplo:

(a) A tendência para procurar algo de comum a todas as entidades que geralmente subsumimos num termo geral.

– Sentimo-nos por exemplo inclinados a pensar que deve existir algo de comum a todos os jogos, e que esta propriedade comum é a justificação para a aplicação do termo geral «jogo» aos diversos jogos; ao passo que os jogos formam uma *família* cujos membros têm parecenças. Alguns têm o mesmo nariz, outros as mesmas sobrancelhas e outros ainda a mesma maneira de andar, e estas parecenças sobrepõem-se.

A ideia de um conceito geral, como uma propriedade comum das suas ocorrências particulares, relaciona-se com outras ideias primitivas, demasiado simples, da estrutura da linguagem. E comparável à ideia de que as *propriedades* são *ingredientes* das coisas que as possuem; que a beleza é, por exemplo, um ingrediente de todas as coisas belas tal como o álcool é um ingrediente da cerveja e do vinho, e que por conseguinte poderíamos ter a beleza pura, sem mistura de algo belo.

(b) Existe uma tendência enraizada nas nossas formas de expressão habituais para pensar que a pessoa que aprendeu a compreender um termo geral, por exemplo, o termo «folha», está, desse modo, na posse de uma espécie de imagem geral de uma folha, em contraste com imagens de folhas particulares. Quando ela aprendeu o sentido da palavra «folha» foram-lhe mostradas diferentes folhas apenas como um meio para atingir a finalidade de produzir «nela» uma ideia, que imaginamos ser uma espécie de imagem geral. Dizemos que a pessoa percebe o que é comum a todas estas folhas, e isto é verdadeiro se queremos dizer que elas podem, se isso lhe for pedido, referir-nos certas características ou propriedades que têm em comum. Mas sentimo-nos inclinados a pensar que a ideia geral de uma folha é algo semelhante a uma imagem visual, mas uma imagem visual que apenas contém o que é comum a todas as folhas (a fotografia composta de Galton). Isto está de novo relacionado com a ideia de que o sentido de uma palavra é uma imagem, ou um objecto correlacionados com a palavra. (Isto significa, grosseiramente, que consideramos as palavras como se todas elas fossem nomes próprios, e que confundimos, por isso, o objecto nomeado com o sentido do nome.)

(c) A ideia que temos do que acontece quando obtemos a ideia geral «folha», «planta», etc. etc., está de novo relacionada com a confusão entre um estado mental, na acepção

de um estado de um hipotético mecanismo mental, e um estado mental na acepção de um estado de consciência (dor de dentes, etc.).

(d) O nosso desejo de generalidade tem uma outra fonte importante: a nossa preocupação com o método da ciência. Refiro-me ao método de reduzir a explicação dos fenómenos naturais ao menor número possível de leis naturais primitivas e, na matemática, de unificação dos diferentes tópicos por recurso a uma generalização. Os filósofos têm sempre presente o método da ciência e são irresistivelmente tentados a levantar questões e a responderem-lhes do mesmo modo que a ciência. Esta tendência é a verdadeira fonte da metafísica, e leva o filósofo à total obscuridade. Quero aqui dizer que nunca teremos como tarefa reduzir seja o que for a qualquer outra coisa, ou explicar seja o que for. A filosofia é na verdade «puramente descritiva». (Pensem em questões como «Existirão dados dos sentidos?» e perguntem: Qual o método a utilizar para determinar isto? A introspecção?)

Em vez de «desejo de generalidade», poderia ter também referido «a atitude de desprezo para com o caso particular». Se, por exemplo, alguém tenta explicar o conceito de número e nos diz que uma determinada definição não é suficiente ou é grosseira porque apenas se aplica, por exemplo, a números finitos, eu responder-lhe-ia que o simples facto de ele ter sido capaz de apresentar uma tal definição limitada torna esta definição extremamente importante para nós. (A elegância *não* é o que procuramos conseguir.) E porque será mais interessante para nós o que os números finitos e transfinitos têm em comum do que o que os distingue? Ou antes, não deveria ter dito «porque será mais interessante para nós?» – *não o é;* e isto caracteriza a nossa maneira de pensar.

A atitude para com o mais geral e o mais particular em lógica está relacionada com o uso da palavra «espécie», que é responsável por originar confusões. Falamos de espécies de números, espécies de proposições, espécies de demonstrações e, também, de espécies de maçãs, espécies de papel, etc. Num certo sentido, o que define a espécie são propriedades como a doçura, a dureza, etc. Noutro sentido as diferentes espécies são estruturas gramaticais diferentes. Um tratado acerca do pomo pode ser considerado incompleto se existirem espécies de maçãs a que ele não faz referência. Temos aqui um padrão de completude existente na natureza. Suponhamos, por outro lado, que existia um jogo semelhante ao xadrez, mas mais simples, dado que não seriam utilizados peões. Deveríamos considerar este jogo incompleto? Ou deveremos considerar um jogo mais completo do que o xadrez se de algum modo contiver o xadrez, mas acrescentando-lhe novos elementos? O desprezo na lógica pelo que parece ser o caso menos geral deriva da ideia de que ele é incompleto. É de facto originador de confusão falar da aritmética dos números cardinais como algo de especial em oposição a algo mais geral. A aritmética dos números cardinais não mostra qualquer sinal de incompletude; nem tão pouco isso acontece com uma aritmética que é cardinal e finita. (Não existem quaisquer distinções subtis entre as formas lógicas como as que existem entre os sabores de diferentes espécies de maçãs.)

Se examinarmos a gramática, por exemplo, das palavras «desejo», «pensamento», «compreensão», «significação», não ficaremos descontentes quando tivermos descrito vários casos de desejo, pensamento, etc. Se alguém nos disser «não é só a isto, com toda a certeza, que chamamos "desejo"», responderemos «de facto não, mas pode, se quiser, construir casos mais complicados». E, no fim de contas, não existe uma categoria definida de características que seja aplicável a todos os casos de desejo (pelo menos no sentido em que a palavra é habitualmente utilizada). Se, por outro lado, pretendem dar uma definição de desejo, isto é, estabelecer um limite nítido, para o uso da palavra então são livres de o fazerem como quiserem; mas este limite nunca será inteiramente coincidente com o uso real, visto que este uso não tem um limite nítido.

A ideia de que para tornar claro o sentido de um termo geral era necessário descobrir o elemento comum a todas as suas aplicações, estorvou a investigação filosófica, não só porque não conduziu a qualquer resultado, mas também porque levou a que os filósofos rejeitassem como irrelevantes os casos concretos, os únicos que poderiam tê-los ajudado a compreenderem o uso do termo geral. Quando Sócrates faz a pergunta, «O que é o conhecimento?» ele nem sequer considera como uma resposta *preliminar* a enumeração de casos de conhecimento ([5]). Se eu quisesse saber o que é a aritmética, deveria sentir-me deveras satisfeito por ter investigado o caso de uma aritmética cardinal finita, porque:

(a) isto levar-me-ia a todos os casos mais complicados,

(b) uma aritmética cardinal finita não é incompleta, não tem lacunas que possam ser preenchidas pela restante aritmética.

Que acontece, se entre as 4 e as 4.30, A espera que B venha ao seu quarto? Num certo sentido em que é utilizada, a frase «esperar algo entre as 4 e as 4.30», não se refere a um processo ou estado mental que se desenrole durante esse intervalo, mas a um grande número de actividades e estados de espírito diferentes. Se, por exemplo, eu espero B para o chá, o que acontece *pode* ser isto: às quatro horas olho para a minha agenda e vejo o nome «B» junto da data de hoje; preparo chá para dois; penso por um momento «será que B fuma?» e ponho cigarros à vista; por volta das 4.30 começo a sentir-me impaciente; imagino qual será o aspecto de B quando entrar no meu quarto. Tudo isto é considerado «esperar B entre as 4 e as 4.30». E existem variantes infindáveis deste

---

([5]) *Teeteto* 146d-147c.

processo que descrevemos por recurso à mesma expressão. Se se perguntar o que têm em comum os diferentes processos de esperar alguém para o chá, a resposta é a de que não há uma única característica comum a todos eles, embora haja como que uma sobreposição de muitas características comuns. Estes casos de expectativa formam uma família; têm parecenças familiares que não se encontram claramente definidas.

Existe um uso totalmente diferente da palavra «expectativa», quando ela se refere a um «sentimento particular». Este uso de palavras como «desejo», «expectativa», etc. ocorre facilmente. Existe uma relação óbvia entre este uso e o que foi anteriormente descrito. Não há dúvida de que, em muitos casos, se esperamos alguém, no primeiro sentido, algumas, ou todas, as actividades descritas são acompanhadas por um sentimento peculiar, uma tensão; e é natural utilizar a palavra «expectativa» para referir esta experiência de tensão.

Coloca-se agora a questão: deverá esta sensação ser chamada «a sensação de expectativa», ou «a sensação de expectativa pela chegada de B»? No primeiro caso, dizer que nos encontramos num estado de expectativa não descreve totalmente, de modo notório, a situação de estar à espera de que isto ou aquilo aconteça. O segundo caso é, com frequência, alvitrado irreflectidamente como uma explicação do uso da expressão «esperar que isto ou aquilo aconteça», e poderão até pensar que, com esta explicação, se encontram em terreno seguro, visto que se pode responder a quaisquer outras questões dizendo que a sensação de expectativa é indefinível.

Nestas circunstâncias não existe qualquer objecção a chamar a uma sensação particular «a expectativa pela chegada de B». Poderão até existir excelentes razões de ordem prática para usar uma tal expressão. Apenas uma observação: – se explicámos o sentido da expressão «esperar pela chegada de B» desta maneira, nenhuma frase que seja derivada desta, pela substituição de «B» por um outro nome, fica, com isso, explicada. Pode dizer-se que a expressão «esperar pela chegada de B» não é um valor de uma função do tipo «esperar pela chegada de x». Para compreenderem isto comparem o nosso caso com o da função «eu como x». Compreendemos a proposição «eu como uma cadeira» embora não nos tenha sido especificamente ensinado o sentido da expressão «comer uma cadeira».

O papel que, no nosso caso presente, é desempenhado pelo nome «B» na expressão «estou à espera de B», pode ser comparado com o que o nome «Bright» desempenha na expressão «a doença de Bright» ([6]). Comparem a gramática desta palavra, quando ela denota um tipo particular de doença, com a da expressão «a doença de Bright» quando esta se refere à doença que Bright tem. Caracterizarei a diferença dizendo que a palavra «Bright» no primeiro caso é um índice no *nome* complexo «a doença de Bright»; no segundo caso chamar-lhe-ei um argumento da função «a doença de x». Pode dizer-se que um índice *alude* a qualquer coisa, e uma tal alusão pode ser justificada de todas as maneiras possíveis. Nestes termos, chamar a uma sensação «a expectativa pela chegada de B» é dar-lhe um nome complexo e «B» alude possivelmente ao homem cuja chegada tinha nitidamente sido precedida pela sensação.

Podemos de novo utilizar a expressão «expectativa pela chegada de B» não como um nome mas como uma característica de certas sensações. Será possível, por exemplo, explicar que se diz que uma certa tensão é uma expectativa pela chegada de B, se ela é satisfeita pela chegada de B. Se é assim que usamos a expressão, então será correcto afirmar que não sabemos o que esperamos até que a nossa expectativa tenha sido satisfeita (cf. Russell). Mas ninguém pode acreditar que esta é a única maneira, ou mesmo a maneira mais comum,

---

([6]) Cf. *Tractatus*, 5.02.

de usar a palavra «esperar». Se eu perguntar a alguém «de quem estás à espera?» e depois de obter a resposta perguntar de novo «tens a certeza de que não estás à espera de outra pessoa?», então, na maior parte dos casos, esta questão seria considerada absurda e a resposta seria algo como «devo, sem dúvida, saber de quem estou à espera».

Pode caracterizar-se o sentido que Russell dá à palavra «desejo» dizendo que ela significa para ele uma espécie de fome. Considerar que uma sensação particular de fome será satisfeita pela ingestão de um alimento particular, constitui uma hipótese. Na maneira de usar a palavra «desejo», que é própria de Russell, não faz sentido dizer «desejava uma maçã mas fiquei satisfeito com uma pera» ([7]). Mas, de facto, fazemo-lo às vezes, usando a palavra «desejo» de uma maneira diferente da de Russell. Neste sentido, podemos dizer que a tensão do desejo foi mitigada sem que o desejo tenha sido satisfeito; e também que o desejo foi satisfeito sem que a tensão tenha sido mitigada. Isto é, posso, neste sentido, ficar insatisfeito sem que o meu desejo tenha sido satisfeito.

Ora, poderíamos sentir-nos tentados a afirmar que a diferença de que falamos se resume simplesmente ao seguinte: nalguns casos sabemos o que desejamos, noutros não. Existem, certamente, casos em que dizemos «sinto um desejo, embora não saiba o que desejo» ou, «sinto um receio, mas não sei o que receio», ou ainda: «sinto medo, mas não tenho medo de algo em particular».

Podemos descrever estes casos dizendo que temos certas sensações que não se referem a objectos. A frase «que não se referem a objectos» introduz uma distinção gramatical. Se, ao caracterizar tais sensações, utilizarmos verbos como «recear», «desejar», etc., estes verbos serão intransitivos; «eu

---

([7]) Cf. Russell, *Analysis of Mind*, III.

receio» será análogo a «eu choro». Podemos chorar por causa de alguma coisa, mas o que nos leva a chorar não é um constituinte do processo de choro; isto é, podíamos descrever o que acontece quando choramos, sem mencionarmos o que nos leva a chorar. Suponham agora que eu sugeria o uso da expressão «sinto medo», e de expressões semelhantes, apenas de maneira transitiva. Em lugar de dizermos, como o fazíamos antes, «tenho uma sensação de medo» (intransitivamente), diremos agora «tenho medo de algo, mas não sei de quê». Existirá alguma objecção a esta terminologia? Podemos dizer: «Não, a não ser que estamos, nesse caso, a utilizar a palavra "saber" de uma maneira estranha». Considerem este caso: – temos um sentimento impreciso de medo. Mais tarde, acontece algo que nos leva a dizer, «Agora sei do que tinha medo. Tinha medo de que isto e aquilo acontecessem». Será correcto descrever o meu primeiro sentimento através de um verbo intransitivo, ou deveria dizer que o meu medo tinha um objecto embora eu não soubesse que isto acontecia? Ambas estas formas de descrição podem ser utilizadas. Para compreenderem isto examinem o seguinte exemplo: – pode considerar-se útil chamar a um certo estado de apodrecimento de um dente, não acompanhado pelo que geralmente chamamos dor de dentes, «dor de dentes inconsciente» e usar num tal caso a expressão de que temos dor de dentes, mas não o sabemos. É precisamente neste sentido que a psicanálise fala de pensamentos inconscientes, actos de vontade, etc. Ora, será que, neste sentido, é um erro dizer que tenho dor de dentes mas que não o sei? Não há nada de mal nisso, dado que se trata unicamente de uma nova terminologia que pode ser em qualquer altura traduzida de novo para a linguagem comum. Por outro lado a palavra «saber» é obviamente usada de uma maneira nova. Se pretendem examinar o modo como esta expressão é usada, será útil perguntarem a vocês próprios «com que se parece, neste caso, o processo de vir a saber?» «A que chamamos "vir a saber" ou, "descobrir"?» Não é errado, de acordo com a nossa nova convenção, dizer «tenho uma dor de dentes inconsciente». Que mais poderão exigir da vossa notação, do que a distinção entre um mau dente que não vos provoca dor de dentes e um mau dente que o faz? Mas a nova expressão induz-nos em erro, ao evocar imagens e analogias que nos tomam difícil o recurso à nossa convenção. E é extremamente difícil pôr de parte estas imagens, a menos que estejamos constantemente vigilantes; particularmente difícil quando, ao filosofarmos, contemplamos o que *dizemos* sobre as coisas. Assim, a expressão «dor de dentes inconsciente» pode, ou induzi-los erroneamente a pensar que foi feita uma descoberta formidável, uma descoberta que num certo sentido confunde completamente a nossa compreensão; ou então, poderão ficar extremamente perplexos com a expressão (a perplexidade da filosofia) e possivelmente formularão uma questão do tipo «como será possível uma dor de dentes inconsciente?» poderão, em seguida, sentir-se tentados a negar a possibilidade da dor de dentes inconsciente; mas o cientista dir-vos-á que ela é um facto comprovado e fá-lo-á como um homem que está a destruir um preconceito vulgar. Ele dirá: «De facto é muito simples; existem outras coisas que vocês não conhecem, e também pode existir uma dor de dentes que vocês não conheçam. É uma descoberta recente». Não ficarão satisfeitos, mas não saberão o que responder. Esta situação é muito comum entre o cientista e o filósofo.

Num caso destes podemos esclarecer o assunto dizendo: «Vejamos como são utilizadas *neste* caso as palavras "inconsciente", "saber", etc. etc., e como são utilizadas noutros casos». *Até que ponto se mantém a analogia entre estes usos?* Tentaremos também construir novas notações, de modo a quebrar o fascínio daquelas a que estamos habituados.

Dissemos que perguntar a nós próprios, no caso particular que estamos a examinar, a que chamámos «vir a saber», constituía uma maneira de examinar a gramática (o uso) da palavra «saber». Somos tentados a pensar que esta questão é, apenas, vagamente pertinente, se é que chega sequer a sê-lo para a questão: «qual é o sentido da palavra "saber"?» Parecemos afastar-nos dos nossos fins quando colocamos a questão «A que se assemelha neste caso "vir a saber"?» Mas esta questão é na verdade uma questão respeitante à gramática da palavra «saber», e isto toma-se mais evidente se a apresentarmos sob a forma: «A que *chamamos* "vir a saber"?» E parte da gramática da palavra «cadeira» que *isto é* o que chamamos «sentar-se numa cadeira», e é parte da gramática da palavra «sentido» que *isto* é o que chamamos «explicação de um sentido»; da mesma maneira que explicar o meu critério do que é uma dor de dentes de outra pessoa consiste em dar uma explicação gramatical sobre a expressão «dor de dentes» e, neste sentido, uma explicação respeitante ao sentido da expressão «dor de dentes».

Quando aprendemos o uso da frase «fulano tem dor de dentes» foi-nos chamada a atenção para certos tipos de comportamento daqueles que se dizia terem dor de dentes. Como exemplo destes tipos de comportamento, consideremos o segurar-se a face. Suponham que a observação me levava a verificar que, em certos casos, sempre que estes primeiros critérios me indicavam que uma pessoa tinha dor de dentes, surgia-lhe na face uma mancha vermelha. Suponhamos que eu digo agora a alguém «vejo que A tem dor de dentes, tem uma mancha vermelha na face». Poderá perguntar-me «Como sabe que A tem dor de dentes quando vê uma mancha vermelha?» Deveria, nesse caso, realçar o facto de certos fenómenos terem sempre coincidido com o aparecimento da mancha vermelha.

É possível prosseguir e perguntar: «Como sabe que ele tem dor de dentes quando segura a face?» A resposta poderia ser, «Sei que ele tem dor de dentes quando segura a face porque seguro a face quando tenho dor de dentes». Mas, e se fosse ainda colocada a questão: – «E qual o motivo que o leva a supor que a dor de dentes corresponde ao facto de ele segurar a face, simplesmente porque a sua dor de dentes corresponde ao facto de você segurar a face?» Sentir-se-ão atrapalhados para responder a esta pergunta, e verificarão que deixaram aqui de poder argumentar, isto é, ter-se-ia chegado às convenções. (Se sugerirem como resposta à última questão que, sempre que viram pessoas a segurarem as suas faces e lhes perguntarem o que se passava, elas responderam, «tendo dor de dentes», – lembrem-se de que esta experiência apenas coordena o segurar a face com o facto de pronunciar certas palavras.)

Introduzamos, de modo a evitar certas confusões elementares, dois termos antitéticos: respondemos, por vezes, à questão «Como sabe que é isto que se passa?» indicando *«critérios»* e às vezes *«sintomas»*. Se a ciência médica chama angina a uma inflamação provocada por um bacilo particular, e nós perguntamos, num caso particular, «porque afirma que este homem tem anginas?» então a resposta «encontrei o bacilo da angina no seu sangue» fornece-nos o critério, ou o que podemos chamar o critério de definição da angina. Se, por outro lado, a resposta fosse, «a sua garganta está inflamada», isto poderia indicar-nos um sintoma da angina. Chamo «sintoma» a um fenómeno cuja coincidência, de uma ou de outra maneira, com o fenómeno que constitui o nosso critério de definição, nos foi revelada pela experiência. Assim, afirmar que «um homem tem anginas se este bacilo foi nele encontrado» é uma tautologia, ou é uma maneira pouco exacta de enunciar a definição de «angina». Mas afirmar, «um homem tem anginas sempre que tem a garganta inflamada» é formular uma hipótese.

Na prática, se vos perguntassem qual dos fenómenos é o critério de definição e qual é um sintoma, seriam na maior parte dos casos incapazes de responder a esta questão excepto tomando uma decisão *ad hoc* arbitrária. Pode ser útil definir uma palavra adoptando como critério de definição um fenómeno, mas facilmente seremos induzidos a definir a palavra recorrendo ao que, de acordo com o nosso primeiro uso, era um sintoma. Os médicos usam nomes de doenças sem nunca decidirem quais os fenómenos que devem ser considerados como critérios e quais como sintomas; e isto não constitui necessariamente uma falta deplorável de clareza. Devem lembrar-se de que não utilizamos geralmente a linguagem de acordo com regras rigorosas – ela também não nos foi ensinada por meio de regras rigorosas. *Nós*, pelo contrário, nas nossas discussões, comparamos constantemente a linguagem com um cálculo que obedece a regras exactas.

Esta é uma visão muito parcial da linguagem. Na prática, usamos muito raramente a linguagem como um cálculo deste tipo. Não só não pensamos nas regras de uso – nas definições, etc. – quando utilizamos a linguagem, como também não somos capazes de, na maior parte dos casos, fornecer essas regras quando isso nos é pedido. Somos claramente incapazes de circunscrever os conceitos que utilizamos; não porque desconheçamos a sua verdadeira definição, mas porque não existe qualquer «definição» verdadeira desses conceitos. Supor a sua *necessidade* seria como supor que, sempre que as crianças brincam com uma bola, jogam um jogo de acordo com regras rigorosas.

Quando falamos da linguagem como um simbolismo usado num cálculo exacto, o que temos em mente pode ser encontrado na ciência e na matemática. O nosso uso comum da linguagem apenas em casos raros se adapta a este padrão de exactidão. Por que motivo então comparamos constantemente, ao filosofarmos, o nosso uso das palavras com um uso que obedece a regras exactas? A resposta reside no facto de os enigmas que procuramos eliminar derivarem sempre, precisamente, desta atitude para com a linguagem.

Considerem como um exemplo a questão «O que é o tempo?», tal como foi formulada por Santo Agostinho e outros. À primeira vista, o que esta questão pede é uma definição, mas, nesse caso, levanta-se imediatamente a questão: «O que ganharíamos com uma definição, se ela apenas nos pode conduzir a outros termos não definidos?» E por que motivo se deveria ficar perplexo com a falta de uma definição de tempo, e não com a falta de uma definição de «cadeira»? Por que motivo não deveríamos ficar perplexos em todos os casos em que não temos uma definição? Ora uma definição esclarece com frequência a *gramática* de uma palavra. E, de facto, é a gramática da palavra «tempo» que nos deixa perplexos. Nós apenas expressamos esta perplexidade ao formular uma questão um pouco enganadora, a questão: «O que é...?» Esta questão é uma expressão de falta de clareza, de mal-estar mental, e é comparável à questão «porquê?» que as crianças repetem tão frequentemente. Também esta é uma expressão de um mal-estar mental, e não pede necessariamente quer uma causa, quer uma razão (Hertz, *Princípios de Mecânica.*) Ora a perplexidade sobre a gramática da palavra «tempo» provém do que se poderia chamar as contradições aparentes dessa gramática.

Foi uma dessas «contradições» que embaraçou Santo Agostinho quando argumentou: Como é possível a medição do tempo? O passado não pode ser medido, porque passou, e o futuro não pode ser medido porque ainda não existe. E o presente não pode ser medido porque não tem extensão.

A contradição que aqui parece notar-se poderia ser considerada um conflito entre dois usos diferentes de uma palavra, neste caso a palavra «medir». Poderíamos dizer que Santo Agostinho pensa no processo de medição de um *com-*

primento: por exemplo, a distância entre duas marcas numa fita que se desenrola perante nós e da qual apenas podemos ver um minúsculo fragmento (o presente). A resolução deste enigma consistirá na comparação daquilo a que nos referimos por «medição» (a gramática da palavra «medição»), quando a aplicamos a uma distância numa fita, com a gramática da palavra quando esta é aplicada ao tempo. O problema pode parecer simples, mas a sua extrema dificuldade deve-se ao fascínio que a analogia entre duas estruturas semelhantes na nossa linguagem pode exercer sobre nós. (É útil lembrar aqui que às vezes é quase impossível a uma criança acreditar que uma palavra pode ter dois sentidos.)

Toma-se agora claro que este problema sobre o conceito de tempo exige uma resposta sob a forma de regras rosas. O enigma refere-se a regras. Considerem um outro exemplo: a questão de Sócrates «O que é o conhecimento?» Aqui o caso é ainda mais claro, dado que a discussão se inicia com a apresentação, pelo aluno, de um exemplo de uma definição rigorosa sendo em seguida pedida uma definição análoga da palavra «conhecimento». Tal como o problema é posto, parece haver algo de errado com o uso comum da palavra «conhecimento». Parece que não sabemos o que ela significa e que, por consequência, não temos, possivelmente, o direito de a utilizar. Deveríamos responder: «Não existe um uso rigoroso único da palavra "conhecimento"; mas podemos produzir vários usos semelhantes, que concordarão mais ou menos com as maneiras como a palavra é realmente utilizada».

O homem que se encontra filosoficamente perplexo descobre uma lei na maneira como utilizamos ao tentar aplicar esta lei de modo consistente, confronta-se com casos em que ela o conduz a resultados paradoxais. O modo como se processa a discussão de um tal enigma é frequentemente este: em primeiro lugar, formula-se a questão «O que é o tempo?» Esta questão faz que pareça que pretendemos uma definição. Pensamos erradamente que uma definição será o que permitirá afastar a dificuldade (como em certos casos de indigestão sentimos uma espécie de fome que não pode ser eliminada comendo). Responde-se então à questão através de uma definição errada; por exemplo: «O tempo é o movimento dos corpos celestes». O passo seguinte consiste em apercebermo-nos de que esta definição não é satisfatória. Mas isto apenas significa que não usamos a palavra «tempo» como se ela fosse sinónima de «movimento dos corpos celestes». Todavia, ao afirmarmos que a primeira definição é errada, somos imediatamente tentados a pensar que devemos substituí-la por outra diferente, a definição correcta. Comparem com isto o caso da definição de número. Aqui, a explicação de que um número é o mesmo que um numeral satisfaz esse primeiro desejo de uma definição. E é muito difícil não perguntar: «Então, se não é um numeral, *o que é?*»

A filosofia, tal como usamos a palavra, é uma luta contra o fascínio que as formas de expressão exercem sobre nós.

Lembrem-se de que as palavras têm os sentidos que lhes demos; e damos-lhes sentidos através de explicações. Posso ter apresentado uma definição de uma palavra e ter utilizado a palavra de acordo com essa definição, ou os que me ensinaram a usar a palavra podem ter-me dado a explicação. Ou ainda, podemos querer referir-nos, por «explicação de uma palavra», à explicação que estaremos prontos a dar, se ela nos for pedida. Se *estivermos* prontos, claro, a dar qualquer explicação; na maior parte dos casos isso não acontece. Assim, neste sentido, são muitas as palavras que não têm um significado preciso. Mas isto não é um defeito. Pensar o contrário seria como afirmar que a luz do meu candeeiro não é uma luz verdadeira porque não tem um limite bem definido.

Os filósofos falam muito frequentemente de investigar, analisar, o sentido das palavras. Mas não nos esqueçamos de que uma palavra não tem um sentido que lhe tenha sido dado, por assim dizer, por um poder independente de nós, para que possa proceder-se a uma espécie de investigação científica sobre o que a palavra *verdadeiramente* significa. Uma palavra tem o sentido que lhe foi dado por alguém. Existem palavras com vários sentidos claramente definidos. É fácil classificar esses sentidos. E existem palavras das quais se poderia dizer que são usadas de mil maneiras diferentes que, gradualmente, se fundem umas nas outras. Não é de admirar que não possamos formular regras precisas para o seu uso. É um erro afirmar que em filosofia consideramos linguagem ideal em contraste com nossa linguagem comum. Isto poderia levar-nos a crer que podíamos fazer coisa melhor que a linguagem comum. Mas a linguagem comum é perfeita. Sempre que produzimos «linguagens ideais» não o fazemos para substituir a nossa linguagem comum por elas, mas apenas para eliminar alguns problemas que decorrem do facto de alguém pensar que entrou na posse do uso exacto de uma palavra vulgar. É também por esse motivo que o nosso método não consiste apenas na enumeração de usos efectivos de palavras, mas antes na invenção deliberada de novos usos, alguns dos quais por causa da sua aparência absurda.

Quando dizemos que, por recurso ao nosso método, tentamos contrariar o efeito enganador de certas analogias, é importante que compreendam que a ideia da analogia como fonte de erros não é algo nitidamente definido. É impossível precisar com nitidez os casos em que poderíamos dizer que alguém foi induzido em erro por uma analogia. O uso de expressões construídas com base em padrões analógicos realça analogias entre casos frequentemente bastantes distintos. Ao fazê-lo, estas expressões podem ser extremamente úteis. É impossível, na maior parte dos casos, mostrar um ponto exacto onde uma analogia começa a induzir-nos em erro. Todas as notações particulares realçam um ponto de vista particular. Se, por exemplo, chamamos às nossas investigações «filosofia», este rótulo, por um lado, parece apropriado e, por outro, tem seguramente induzido as pessoas em erro. (Poder-se-ia dizer que o assunto de que nos ocupamos é um dos herdeiros do que costumávamos chamar «filosofia».) Os casos em que desejamos particularmente afirmar que alguém é induzido em erro por uma forma de expressão são aqueles em que diríamos: «ele não falaria desta maneira se tivesse, conhecimento desta diferença na gramática de tais e tais palavras, ou se tivesse conhecimento desta outra possibilidade de expressão» e assim por diante. Assim, podemos dizer de alguns matemáticos com inclinações filosóficas que eles não estão evidentemente cientes da diferença existente entre os muitos diversos usos da palavra «demonstração»; e que eles não clarificaram a diferença entre os usos da palavra «espécie», quando falam de espécies de números, espécies de demonstrações, como se a palavra «espécie» significasse aqui o mesmo que no contexto «espécies de maçãs». Ou podemos dizer que eles não têm conhecimento dos diferentes *sentidos* da palavra «descoberta», quando num caso falamos da descoberta da construção do pentágono e, num outro caso, da descoberta do pólo Sul.

Ora quando distinguimos, um uso transitivo e um uso intransitivo de palavras como «desejar», «recear», «esperar», etc., dissemos que era possível a alguém tentar remover as nossas dificuldades dizendo: «a diferença entre os dois casos consiste simplesmente no facto de que num caso sabemos o que desejamos e noutro não». Penso que quem diz isto não vê, obviamente, que a diferença que tentava explicar reaparece quando consideramos cuidadosamente o uso da palavra «saber», no primeiro e no segundo casos. A expressão «a diferença consiste simplesmente...» faz que o caso pareça ter sido analisado por nós sem revelar qualquer dificuldade de maior, como quando chamamos a atenção para o facto de duas substâncias com nomes muito diferentes mal se distinguirem no que respeita às suas composições.

Dissemos, neste caso, que podíamos utilizar as expressões: «sentimos um desejo» (em que «desejo» é usado intransitivamente) e «sentimos um desejo mas não sabemos o que desejamos». Pode parecer estranho dizer que podemos utilizar correctamente qualquer uma das duas formas de expressão que parecem contradizer-se, mas tais casos são muito frequentes. Utilizemos o exemplo que se segue para esclarecer este assunto. Dizemos que a equação $x^2=-1$ tem solução $\pm V^{-1}$. Durante muito tempo afirmou-se que esta equação não tinha solução. Quer esta afirmação concorde, quer não, com a que se referia as soluções, ela não tem seguramente a sua multiplicidade. Mas facilmente lha poderemos dar, dizendo que uma equação $x^2+ax+b=0$ não tem uma solução, mas se aproxima α da solução mais próxima que é β. De modo análogo, podemos dizer ou que «Uma linha recta intercepta sempre um círculo; por vezes em pontos reais, por vezes em pontos complexos», ou, que «Uma linha recta pode, quer interceptar um círculo, quer não, mantendo-se a uma distância α dele». Estas duas afirmações significam exactamente o mesmo. Serão mais ou menos satisfatórias de acordo com o ponto de vista com que forem consideradas. Pode pretender-se tomar a diferença entre a intersecção e a não-intersecção tão pouco notada quanto possível. Ou, por outro lado, pode pretender-se realçá-la, sendo quer uma, quer outra das tendências justificável, por exemplo por razões práticas particulares. Mas esta pode não ser a razão para a preferência por uma forma de expressão em detrimento da outra. A preferência por uma forma, ou mesmo a existência de uma preferência, dependem frequentemente de tendências gerais do seu pensamento, profundamente enraízadas.

(Deveríamos dizer que há casos em que um homem despreza outro e não o sabe; ou deveríamos descrever tais casos dizendo que ele não o despreza, mas se comporta não intencionalmente para com ele de uma maneira – fala-lhe com um tom de voz, etc. – que habitualmente manifestaria desprezo? Ambas as formas de expressão estão correctas, mas podem revelar diferentes tendências do espírito.)

Regressemos ao exame da gramática das expressões «desejar», «esperar», «ansiar por», etc. e consideremos o caso extremamente importante em que a expressão, «desejo que isto e aquilo aconteça» é a descrição directa de um processo da consciência, isto é, o caso em que nos sentiríamos inclinados a responder à questão «Tens a certeza de que isto é o que desejas?» dizendo «Devo certamente saber o que desejo». Comparem agora esta resposta com a que a maior parte de nós daria à questão: «Conhecem o ABC» terá a asserção categórica de que o conhecem, um sentido análogo ao da asserção anterior? De uma certa maneira ambas as asserções ignoram a questão. Mas a primeira não pretende dizer «sei com toda a certeza uma coisa tão simples como esta», mas antes: «a questão que me colocaste não faz qualquer sentido». Poderíamos dizer que adoptámos neste caso um método errado para pôr de parte a questão. «Evidentemente que o sei» poderia ser aqui substituído por «evidentemente, não há qualquer dúvida», que seria interpretado como querendo dizer que «não faz qualquer sentido, neste caso, falar de dúvidas». Deste modo, a resposta «evidentemente que sei o que desejo» pode ser interpretada como um enunciado gramatical.

O mesmo se passa quando perguntamos «este quarto tem um comprimento?», e alguém responde: «claro que sim». A pessoa poderia ter respondido: «não faças perguntas sem sentido». Por outro lado «o quarto tem comprimento» pode ser utilizado como um enunciado gramatical. Quererá nesse caso dizer que uma frase com a forma «o quarto tem x metros de comprimento» tem sentido.

Um grande número de dificuldades filosóficas está relacionado com esse sentido das expressões «desejar», «pensar», etc., que estamos agora a ter em consideração. Elas podem ser resumidas na questão: «como se pode pensar no que não é o caso?» Eis um belo exemplo de uma interrogação filosófica. Coloca a questão «como se pode...?» e, embora isto nos tome perplexos, devemos admitir que não há nada mais fácil do que pensar no que não é o caso. Isto é, isto mostra-nos de novo que a dificuldade com que nos debatemos não deriva da nossa incapacidade para imaginarmos como se pensa em qualquer coisa; assim como a dificuldade filosófica sobre a medição do tempo não derivava da nossa incapacidade para imaginarmos como o tempo era na realidade medido. Refiro isto porque às vezes quase parece que as nossas dificuldades se resumiam à dificuldade em nos lembrarmos exactamente do que aconteceu quando pensámos em algo, a uma dificuldade de introspecção, ou algo desse tipo; quando na realidade elas derivam do facto de, olharmos para os factos através de uma forma de expressão enganadora.

«Como se pode pensar no que não é o caso? Se eu penso que o King's College está a arder quando ele não está a arder, o facto de ele estar a arder não existe. Então como posso pensá-lo? Como podemos enforcar um ladrão que não existe?» A nossa resposta poderia assumir a seguinte forma: «não posso enforcá-lo quando ele não existe; mas posso procurá-lo quando ele não existe».

Somos aqui induzidos em erro pelos substantivos «objecto do pensamento» e «facto», pelos diferentes sentidos da palavra «existir».

Falar do facto como um «complexo de objectos» deriva desta confusão (cf. *Tractatus Logico-philosophicus*). Suponhamos a pergunta: «Como se pode *imaginar o* que não existe?» A resposta parece ser: «Se o fazemos, imaginamos combina-

ções não existentes de elementos existentes». Um centauro não existe, mas a cabeça, o tronco e os braços de um homem e as patas de um cavalo existem. «Mas não poderemos imaginar um objecto completamente diferente de qualquer um existente?» – Sentir-nos-íamos inclinados a responder: «Não, os elementos, os particulares, devem existir. Se a vermelhidão, a rotundidade e a doçura não existissem, não as poderíamos imaginar».
Mas que queremos nós dizer com «a vermelhidão existe»? O meu relógio existe, se não foi reduzido a bocados, se não foi *destruído*. A que chamaríamos «destruir a vermelhidão»? Poderíamos evidentemente referir-nos à destruição de todos os objectos vermelhos; mas ser-nos-ia impossível, por esse motivo, imaginar um objecto vermelho? Suponhamos que se respondia a isto da seguinte forma: «Mas certamente que devem ter existido objectos vermelhos e deve tê-los visto, uma vez que é capaz de os imaginar»? – Mas como sabe que as coisas se passam deste modo? Suponha que eu lhe dizia «Uma pressão exercida sobre a sua pupila produz uma imagem vermelha». Não poderia ter sido este o modo como inicialmente você se familiarizou com a cor vermelha? E por que motivo não terá sido apenas imaginando uma mancha vermelha? (A dificuldade que poderão experimentar aqui terá de ser discutida mais tarde) ([8]).

Podemos agora sentir-nos inclinados a dizer: «Uma vez que o facto que tomaria verdadeiro o nosso pensamento, caso existisse, nem sempre existe, ele não é o *facto* que nós pensamos». Mas isto apenas depende do modo como eu desejo utilizar a palavra «facto». Posso dizer: «Acredito no facto de o colégio estar a arder» é apenas uma maneira desajeitada de dizer: «Acredito que o colégio está a arder». Dizer «não é no facto que acreditamos», é o resultado de uma confusão. Pensamos

---

([8]) Isto não será feito (N. Org.).

que estamos a dizer algo como: «O que comemos é o açúcar e não a cana-de-açúcar», «o que está pendurado no corredor é o retrato do sr. Smith e não o próprio sr. Smith». O passo que nos sentimos tentados a dar de seguida consiste em pensar que, como o objecto do nosso pensamento não é o facto, ele é uma sombra do facto. Existem diversos nomes para esta sombra, v.g. «proposição», «sentido da frase». Mas isto não faz desaparecer a nossa dificuldade. A questão é agora «como é que algo pode ser uma sombra de um facto que não existe?»

Posso expressar o nosso embaraço de uma forma diferente dizendo: «Como podemos saber do que é que a sombra é sombra?» – A sombra seria uma espécie de retrato e, por conseguinte, posso apresentar de novo o nosso problema perguntando: «O que faz que um retrato seja um retrato do sr. N?» A primeira resposta que nos pode ocorrer ao espírito é: «A semelhança entre o retrato e o sr. N». Esta resposta mostra de facto o que tínhamos em mente quando falámos da sombra de um facto. É perfeitamente claro, contudo, que a semelhança não constitui a nossa ideia, porque a possibilidade de se falar de um bom ou de um mau retrato faz parte da essência desta ideia, por outras palavras, é essencial que a sombra seja capaz de representar as coisas como elas, de facto, não são.

Uma resposta óbvia e correcta para a questão: «O que faz que o retrato seja o retrato de fulano?» poderia ser: a *intenção*. Mas, se pretendemos saber o que significa «ter a intenção de que este seja o retrato de fulano», vejamos o que realmente acontece quando temos esta intenção. Recordem a ocasião em que falámos do que acontecia quando esperávamos alguém das quatro às quatro e meia. Ter a intenção de que uma imagem seja um retrato de fulano (v.g. da parte do pintor) não é nem um estado de espírito particular nem um processo mental particular. Mas existe um grande número de combinações de acções e estados de espírito a que chamaríamos «ter a intenção de...» Poderia ter acontecido que eu lhe tivesse dito para pintar um retrato de N, que ele se tivesse sentado em frente de N e executado certas acções a que chamamos «copiar a cara de N». Poderiam pôr-se objecções a isto dizendo que a essência da acção de copiar é a intenção de copiar. Replicaria que existe um grande número de processos diferentes a que chamamos «copiar algo». Tomemos um exemplo. Traço uma elipse numa folha de papel e peço-vos para a copiar. O que caracteriza o processo de copiar? É claro que não é o facto de desenhar uma elipse semelhante. Poderiam ter tentado copiá-la sem êxito; ou poderiam ter traçado uma elipse com uma intenção completamente diferente e ocasionalmente ela ser semelhante à que deveriam ter copiado. Então o que fazem vocês quando tentam copiar a elipse? Bem, olham para ela, desenham algo num bocado de papel, talvez meçam o que acabaram de desenhar, talvez o amaldiçoem se descobrirem que não corresponde ao modelo; ou talvez digam «vou copiar esta elipse» e desenhem apenas uma elipse igual a ela. Existe uma variedade interminável de acções e palavras, que têm entre si uma parecença de família e a que chamamos «tentar copiar».

Suponham que dizíamos que «o facto de uma pintura ser um retrato de um objecto particular consiste em ter sido obtida a partir desse objecto de uma maneira específica». De facto, é fácil descrever o que chamaríamos processos de obtenção de uma imagem a partir de um objecto (falando de uma maneira geral, processos de projecção): mas há uma dificuldade peculiar em admitir que um processo desse tipo seja o que chamamos «representação intencional», visto que, seja qual for o processo (actividade) de projecção que possamos descrever, existe uma maneira de reinterpretar esta projecção. Por consequência – é-se tentado a afirmar – um tal processo nunca pode ser a própria intenção. Poderíamos sempre ter tido como intenção o oposto, ao reinterpretar o processo de projecção. Imaginem o seguinte caso: damos a alguém uma ordem para andar numa certa direcção, apontando ou desenhando uma seta que aponta nessa direcção. Suponham que desenhar setas é a linguagem que utilizamos habitualmente para dar essa ordem. Não poderá tal ordem ser interpretada como significando que o homem que a recebe deve andar na direcção oposta à da seta? Isto poderia obviamente ser feito acrescentando à nossa seta alguns, símbolos a que poderíamos chamar «uma *interpretação*». É fácil imaginar um caso em que, por exemplo para enganar alguém, poderíamos fazer uma combinação para que uma ordem fosse executada em sentido oposto ao da sua execução normal. O símbolo que acrescenta a interpretação à nossa seta original poderia, por exemplo, ser outra seta. Sempre que interpretamos um símbolo, de uma ou de outra maneira, a interpretação é um novo símbolo-acrescentado ao primeiro.

Poderíamos dizer que, sempre que damos uma ordem a alguém mostrando-lhe uma seta, sem que isso seja feito «mecanicamente» (sem pensarmos), *atribuímos um sentido* à seta. E este processo de atribuição de sentido, seja qual for o seu tipo, pode ser representado por outra seta (apontando no mesmo sentido da primeira, ou em sentido contrário). Nesta imagem que apresentamos do «sentido e da expressão» é essencial que se imagine a ocorrência, em duas esferas diferentes, dos processos de expressão e sentido.

Será, nesse caso, correcto afirmar que nenhuma seta poderia ser o sentido, visto que todas as setas podem ser entendidas como indicando a direcção oposta? – Suponham que representamos o esquema da expressão e do sentido por uma coluna de setas dispostas umas por baixo das outras.

Então, para que este esquema nos possa ser de alguma utilidade, deve mostrar-nos qual dos três níveis é o nível do sentido. Eu posso, por exemplo, fazer um esquema com três níveis em que o nível inferior será sempre o nível do sentido. Mas seja qual for o modelo ou esquema que se adopte, ele terá um nível inferior, e não existirá uma interpretação para isso. Dizer, neste caso, que todas as setas podem ainda ser interpretadas apenas significaria que eu *poderia* sempre fazer um modelo diferente de expressão e de sentido, com mais um nível do que o modelo que estou a utilizar.

Noutros termos: – o que se pretende dizer é: «todos os signos são susceptíveis de interpretação; mas o *sentir* não deve ser susceptível de interpretação. Eu é a última interpretação».

Ora vocês encaram o sentir, presumo, como um processo que acompanha a expressão, e que é traduzível e, por isso, equivalente, a um outro signo. Têm, por conseguinte, de me dizer, além disso, o que consideram ser a marca distintiva entre *um signo* e *o sentido*. Se o fizerem, por exemplo, dizendo que o sentido é a seta que *imaginam,* por oposição a qualquer seta que possam desenhar, afirmarão desse modo que não considerarão qualquer outra seta como uma interpretação daquela que imaginaram.

Tudo isto se tornará mais claro se considerarmos o que realmente acontece quando dizemos uma coisa e queremos dizer isso mesmo. Perguntemos a nós próprios: se dissermos a alguém «ficaria muito contente por o ver» e queremos dizer isso mesmo, serão estas palavras acompanhadas por um processo consciente que poderia, ele próprio, ser traduzido em palavras? Muito dificilmente será este alguma vez o caso.

Mas imaginemos um caso em que isso acontece. Suponhamos que eu tinha o hábito de acompanhar cada frase em inglês proferida em voz alta por uma frase em alemão dita a mim próprio no íntimo. Se, nesse caso, seja qual for a razão, chamarem à frase silenciosa o sentido da frase proferida em voz alta, o processo de significação que acompanha o processo de expressão poderia ele próprio ser traduzido em signos perceptíveis. Ou, que dizemos a nós próprios, numa espécie de aparte, o sentido (seja ele qual for) de qualquer frase, *antes* de a proferirmos em voz alta. Um exemplo, pelo menos semelhante ao caso que pretendemos, seria dizer uma coisa e ao mesmo tempo ver mentalmente uma imagem que seria o sentido e estaria em acordo ou em desacordo com o que dizemos. Existem casos deste tipo, ou semelhantes, mas não constituem regras, quando dizemos algo que queremos dizer, ou quando dizemos algo e queremos dizer outra coisa. Existem, claro, casos reais em que o que chamamos sentido é um processo consciente e definido que acompanha, procede, ou se segue à expressão verbal e é ele próprio uma expressão verbal de um qualquer tipo, ou traduzível numa expressão verbal. Um exemplo típico disto é o «aparte» no palco.

Mas o motivo por que somos tentados a pensar que o sentido do que dizemos é um processo essencialmente do tipo que descrevemos, é a analogia entre as formas de expressão:
«dizer algo»
«querer dizer algo»,
que parecem referir-se a dois processos paralelos.

Um processo que acompanha as nossas palavras e que se poderia chamar o «processo de lhes conferir sentido», é a modulação da voz ou um processo semelhante a este, como o jogo da expressão facial. Estes processos acompanham as palavras faladas, não da maneira como uma frase em alemão pode acompanhar uma frase inglesa, ou uma frase escrita pode acompanhar uma frase falada, mas no sentido em que a música de uma canção acompanha a sua letra. Esta música corresponde ao «sentimento» com que proferimos a frase. E quero chamar a atenção para o facto de este sentimento ser a expressão com que a frase é proferida, ou algo semelhante a esta expressão.

Voltemos à nossa questão: «Qual é o objecto de um pensamento?» (por exemplo, quando dizemos, «Penso que o King's College está a arder»).

A questão tal como a apresentamos já é a expressão de várias confusões. Isto é revelado pelo simples facto de quase nos soar como se fosse uma questão da física; como se perguntasse: «Quais são os elementos básicos constituintes da matéria?» (É uma questão tipicamente metafísica, sendo a sua característica a de que exprimimos uma incerteza sobre a gramática, sobre *a forma* de um problema científico.)

Uma das origens da nossa questão é o uso ambivalente da função proposicional «eu penso x». Nós dizemos «penso que isto e aquilo vai acontecer» ou «que isto e aquilo é o caso», e também «penso exactamente o mesmo que ele»; e dizemos «eu espero-o», e também «espero que ele venha». Comparem «eu espero-o» e «eu disparo sobre ele». Não podemos disparar sobre ele se não estiver presente. E assim que a questão surge: «Como podemos esperar algo que não é o caso?», «Como podemos esperar um facto que não existe?»

A maneira de fugirmos a esta dificuldade parece ser esta: o que esperamos não é o facto, mas uma sombra de facto; a coisa que lhe é mais próxima. Dissemos que isto representa apenas um adiamento de solução. São várias as origens para esta ideia de uma sombra. Uma delas é a que se segue: dizemos «por certo que duas frases de diferentes línguas podem ter o mesmo sentido»; e argumentamos, «por conseguinte o sentido e a frase são coisas diferentes», e colocamos a questão: «O que é o sentido?» E transforma-mo-lo num ser irreal, um dos muitos que criamos quando desejamos dar sentido a substantivos a que não correspondem quaisquer objectos materiais.

Uma outra fonte da ideia de uma sombra enquanto objecto do nosso pensamento é a seguinte: imaginamos a sombra como uma imagem cuja intenção *não pode ser posta em dúvida,* isto é, uma imagem que não interpretamos para a compreendermos, mas que compreendemos sem a interpretarmos. Ora, devemos dizer que existem imagens que interpretamos para as compreender, isto é, que traduzimos numa espécie diferente de imagem; e imagens que compreendemos imediatamente sem qualquer interpretação suplementar. Se virem um telegrama escrito em cifra, e conhecerem a chave para este código, não dirão, em geral, que compreendem o telegrama antes de o terem traduzido para a linguagem vulgar. Evidentemente, apenas substituíram um tipo de símbolo por outro e, contudo, se lerem agora o telegrama na vossa língua, não haverá qualquer outro processo de interpretação. – Ou antes, poderão agora, em certos casos, traduzir de novo este telegrama, por exemplo numa imagem, mas nesse caso apenas voltaram a substituir um conjunto de símbolos por outro.

A sombra, tal como a concebemos, é uma espécie de imagem; é, de facto, algo de muito semelhante a uma imagem que nos vem ao espírito; e isto mais uma vez é algo não muito diferente de uma representação pintada, no sentido habitual. Uma fonte da ideia de sombra é seguramente o facto de, em alguns casos, pronunciar, ouvir ou ler uma frase nos trazer imagens ao espírito, imagens que corrrespondem mais ou menos rigorosamente à frase, e que são por consequência, num certo sentido, traduções desta frase numa linguagem pictórica. – Mas é absolutamente essencial para a imagem que imaginamos que a sombra seja, que ela seja o que chamarei uma «imagem por semelhança». Não quero com isto dizer que seja uma imagem semelhante ao que se tem a intenção que represente, mas que é uma imagem que é correcta apenas quando é semelhante ao que representa. Poderia empregar-se a palavra «cópia» para este tipo de imagem. Falando de uma maneira geral, as cópias são boas quando facilmente se confundem com o que representam.

Uma projecção plana de um hemisfério do globo terrestre não é uma imagem por semelhança ou uma cópia neste sentido. Seria concebível que eu retratasse alguém num bocado de papel, projectando a face dessa pessoa de uma maneira fora do vulgar (embora correcta de acordo com a regra de projecção adoptada), de tal modo que ninguém poderia chamar à projecção «um bom retrato de fulano» porque ela não se parecia minimamente com ele. Se tivermos presente a possibilidade de uma imagem que, embora correcta, não tem qualquer semelhança com o seu objecto, a interpolação de uma sombra entre a frase e a realidade deixa de ter qualquer sentido. Nestas circunstâncias, a própria frase pode servir como sombra. A frase é exactamente essa representação, que não tem a menor semelhança com o que representa. Se tínhamos dúvidas sobre o modo como a frase «O King's College está a arder» pode ser uma representação do King's College a arder, apenas necessitamos de perguntar a nós próprios: «Como explicaríamos o que a frase significa?» Tal explicação poderia consistir em definições ostensivas. Diríamos, por exemplo, «Isto é o King's College» (apontando para o edifício), «isto é um fogo» (apontando para um fogo). Isto revela-nos o modo como as palavras e as coisas podem estar relacionadas.

A ideia de que aquilo que desejamos que aconteça deve estar presente, como uma sombra, no nosso desejo, está profundamente enraizada nas nossas formas de expressão. Mas, de facto, poderíamos dizer que ela é quase tão absurda quanto a ideia mais absurda que gostaríamos realmente de dizer. Se não fosse tão absurda, diríamos que o facto que desejamos deve estar presente no nosso desejo. Como poderíamos desejar que acontecesse *precisamente isto,* se isto não estivesse precisamente presente no nosso desejo? É correcto dizer-se: a mera sombra não é suficiente, visto que se fica perante o objecto e nós queremos que o desejo contenha o próprio objecto. – Queremos que o desejo de que o sr. Smith entre neste quarto se refira precisamente ao *sr. Smith,* e não a um substituto, e à sua *entrada no meu quarto,* e não a algo que faça as vezes disto. Mas isto é exactamente o que dissemos.

A nossa confusão poderia ser descrita desta maneira: de acordo com a nossa forma usual de expressão pensamos no facto que desejamos como uma coisa que ainda não está aqui, e para a qual, por consequência, não podemos apontar. Ora para compreendermos a gramática da expressão «objecto do nosso desejo» consideremos apenas a resposta que damos à questão: «Qual é o objecto do seu desejo?» A resposta a esta questão é evidentemente «Desejo que isto e isto aconteça». Ora, qual seria a resposta se continuássemos a perguntar: «E qual é o objecto deste desejo?» Ela poderia apenas consistir numa repetição da nossa anterior expressão do desejo, ou então numa tradução para uma outra forma de expressão. Poderíamos, por exemplo, exprimir o que desejávamos por outras palavras, ou ilustrando-o por recurso a uma imagem etc., etc. Ora, quando temos a impressão de que aquilo a que chamamos o objecto do nosso desejo é, por assim dizer, um homem, que ainda não entrou no nosso quarto e, por conseguinte, não pode ainda ser visto, imaginamos que qualquer explicação do que desejamos é apenas o que há de melhor depois da explicação que mostraria *o facto real* – que, receamos, não pode ainda ser mostrado visto que ainda não entrou. É como se eu dissesse a alguém «estou à espera do sr. Smith», e ele me perguntasse «quem é o sr. Smith?», e eu respondesse, «não lho posso mostrar agora, visto que ele não está aqui. Tudo o que lhe posso mostrar é um retrato dele». E como se nunca pudesse explicar o que desejava, até que isso viesse realmente a acontecer. Mas evidentemente isto é um engano. A verdade é que não preciso de ser capaz de dar uma explicação melhor daquilo que desejava, depois do desejo se ter realizado, do que antes, visto que poderia muito bem ter mostrado o sr. Smith ao meu amigo, e ter-lhe mostrado o que significa «entrar» e ter-lhe mostrado o meu quarto antes de o sr. Smith entrar no meu quarto.

A nossa dificuldade poderia ser expressa desta maneira: pensamos nas coisas, – mas como é que estas coisas entram nos nossos pensamentos? Pensamos no sr. Smith sem termos necessidade de que ele esteja presente. O retrato dele não é de nenhuma utilidade. Como saberíamos quem está aí representado? Na realidade nenhum substituto será de qualquer utilidade. Nesse caso como é que ele próprio pode ser um objecto dos nossos pensamentos? (Utilizo expressão «objecto do nosso pensamento» de maneira diferente daquela em que a utilizei anteriormente. Refiro-me agora a uma coisa *em que* penso não «aquilo em que estou a pensar».)

Dissemos que a relação entre o nosso pensamento, ou as nossas palavras, sobre um homem e o próprio homem, se estabelecia quando, para explicar o sentido da palavra «sr. Smith» apontávamos para ele, dizendo «este é o sr. Smith». E não há nada de misterioso nesta relação. Quero com isto dizer, que não existe qualquer acto mental estranho que, de algum modo, faça aparecer como que por encanto o sr. Smith nos nossos espíritos, quando ele não se encontra realmente presente. O que torna difícil ver que esta é a relação, é uma forma peculiar de expressão da linguagem comum, que faz que a relação entre o nosso pensamento (ou a expressão do nosso pensamento) e a coisa sobre a qual pensamos, pareça ter subsistido *durante o* acto de pensar.

«Não é estranho que sejamos capazes de nos referir, na Europa, a alguém que está na América?» – Se alguém tivesse dito «Napoleão foi coroado em 1804», e lhe perguntássemos: «Refere-se ao homem que ganhou a batalha de Austerlitz?» ele poderia dizer: «Sim, referia-me a ele». E o emprego do pretérito imperfeito pode fazer que pareça que a ideia de Napoleão, como vencedor da batalha de Austerlitz, deva ter estado presente no espírito do homem, quando ele disse que Napoleão foi coroado em 1804.

Alguém diz, «O Sr. N virá visitar-me esta tarde»; eu pergunto: «Refere-se a ele?» apontando para alguém presente, e ele responde: «Sim». Nesta conversa foi estabelecida uma relação entre a palavra «sr. N» e o sr. N. Mas somos induzidos a pensar que enquanto o meu amigo dizia, «O Sr. N virá visitar-me», a sua mente deve ter estabelecido a relação.

É em parte isto que nos leva a considerar a atribuição de sentido, ou o pensamento, como uma *actividade mental* peculiar; indicando a palavra «mental» que não devemos contar com a possibilidade de compreendermos como estas coisas se passam.

O que dissemos do pensamento pode também ser aplicado à imaginação. Alguém diz que imagina que o King's College está a arder. Perguntamos-lhe: «Como sabes que é o *King's College* que tu imaginas que está a arder?» Não poderia ser um outro edifício, muito semelhante a ele? De facto, será a tua imaginação tão exacta que não possas admitir que a tua imagem possa ser uma representação de uma dúzia de edifícios? – e não obstante tu dizes: «Não há dúvida de que imagino o King's College e não um outro edifício». Mas não será que dizer isto é estabelecer a própria relação que pretendemos? Dizê-lo é como escrever as palavras «Retrato do sr. fulano de tal» sob um quadro. Pode ter acontecido que *enquanto* imaginavas que o King's College estava a arder tenhas dito as palavras «o King's College está a arder». Mas na maior parte dos casos a imagem não é acompanhada por quaisquer palavras ditas por ti próprio com uma intenção explicativa. E mesmo que isso aconteça, tem em consideração que não estabeleces a relação entre a tua imagem e o King's College, mas apenas com as palavras «King's College». A relação entre estas palavras e o King's College foi, possivelmente, estabelecida numa outra ocasião.

O erro, que nos sentimos inclinados a fazer no nosso raciocínio sobre estes assuntos, é o de pensar que todas as espécies de imagens e experiências, que num certo sentido se encontram estreitamente relacionadas, devem estar presentes em simultâneo no nosso espírito. Se cantarmos uma canção que sabemos de cor, ou dissermos o alfabeto, as notas e as letras parecem manter-se unidas e cada uma parece arrastar a que se lhe segue, como se fossem um colar de pérolas numa caixa, e ao tirar para fora uma pérola se tirasse a que se lhe segue.

Não há qualquer dúvida de que, tendo presente a imagem visual de um colar de pérolas a ser tirado para fora de uma caixa através de um buraco na tampa, nos sentiríamos inclinados a dizer: «Todas estas pérolas devem ter estado juntas na caixa». Mas é fácil ver que isso é formula uma hipótese. A imagem teria sido a mesma se as pérolas se tivessem gradualmente materializado no buraco da tampa. Facilmente descuramos a distinção entre a descrição de um acontecimento mental consciente e a formulação de uma hipótese sobre o que se poderia chamar o mecanismo do espírito, tanto mais que tais hipóteses ou representações do funcionamento do nosso espírito se encontram incorporadas em muitas das formas de expressão da nossa linguagem diária. O pretérito imperfeito «referia» na frase «eu referia-me ao homem que ganhou a batalha de Austerlitz» faz parte de uma representação assim, em que o espírito é concebido como um lugar no qual guardamos, armazenamos, aquilo de que nos lembramos, antes de o expressarmos. Se eu assobio uma música que conheço bem e sou interrompido a meio e se em seguida alguém me perguntar «sabias como continuar?» responderia: «sim, claro». Que tipo de processo é este *saber como continuar?* Toda a continuação da música teria, aparentemente de estar presente, no momento em que eu sabia como continuar.

Coloquem a vocês próprios a seguinte questão: «Quanto tempo leva a saber como continuar?» Ou será um processo instantâneo? Não estaremos a cometer um erro do mesmo género que o da confusão entre uma gravação de um disco de uma música e a própria música? E não estaremos a presumir que sempre que ouvimos uma música deverá existir uma espécie de gravação dessa música em disco, a partir da qual ela é tocada? Considerem o seguinte exemplo: uma arma é disparada na minha presença e eu digo: «Este barulho não foi tão forte quanto eu esperava». Alguém me pergunta: «Como é isso possível? Houve na tua imaginação um barulho mais forte do que o da arma?» Devo confessar que nada disso aconteceu. Então a pessoa diz-me: «Nesse caso não estavas realmente à espera de um barulho mais forte, mas, possivelmente, do eco de um barulho mais forte. E como sabias que era o eco de um barulho mais forte?» Vejamos o que, num tal caso, pode ter de facto acontecido. Possivelmente ao esperar pela detonação abri a boca, agarrei-me a algo para me manter firme e talvez tenha dito: «Isto vai ser terrível». Depois, quando tudo terminou, disse: «Afinal não foi muito barulhento». – Certas tensões no meu corpo relaxaram. Mas qual é a relação entre estas tensões, o abrir a boca, etc., e um barulho real mais forte? Talvez esta relação se tenha estabelecido quando, ao ouvirmos um barulho assim, tivemos as experiências mencionadas.

Examinem expressões como «ter uma ideia em mente», «analisar a ideia que nos vem ao espírito». Para não serem induzidos em erro por elas, vejam o que realmente acontece quando, por exemplo, ao escreverem uma carta, procuram palavras que expressem correctamente a ideia que «nos veio ao espírito». Dizer que estamos a tentar expressar a ideia que nos veio ao espírito é empregar uma metáfora, que se insinua de modo muito natural, e que é perfeitamente válida desde que não nos induza em erro quando filosofamos, visto que, quando evocamos o que de facto se passou em tais casos, encontramos uma grande variedade de processos mais ou menos aparentados uns aos outros. Poderíamos sentir-nos inclinados a dizer que, em todos esses casos, de qualquer modo, somos *guiados* por algo que nos vem ao espírito. Mas, nesse caso, as palavras «guiados» e «coisa que nos vem ao espírito» são utilizadas em sentidos tão diversos quanto as palavras «ideia» e «expressão de uma ideia». A frase «expressar uma ideia que nos vem ao espírito» sugere que o que estamos a tentar expressar por palavras já foi expresso, mas numa linguagem diferente; que esta expressão nos veio ao espírito; e que o que fazemos é traduzi-la de uma linguagem mental para uma linguagem verbal. Na maior parte dos casos a que chamamos «expressar uma ideia, etc.», acontece algo de muito diferente. Imaginem o que acontece em casos como este: procuro hesitantemente uma palavra. São-me sugeridas várias palavras e eu rejeito-as. Finalmente propõem-me uma e eu digo: «Eis o que eu queria dizer!»

(Deveríamos sentir-nos inclinados a afirmar que a demonstração da impossibilidade da trisecção do ângulo com régua e compasso analisa a nossa ideia da trisecção de um ângulo. Mas a demonstração dá-nos uma nova ideia trisecção, que não tínhamos antes de a demonstração a ter produzido. A demonstração indicou-nos um caminho *que nos sentíamos inclinados a seguir,* mas levou-nos para longe de onde estávamos, e não nos mostrou claramente o lugar onde tínhamos estado até aí.)

Regressemos ao momento em que dissemos que nada lucrávamos ao presumir que uma sombra deve intervir entre a expressão do nosso pensamento e a realidade a que o nosso pensamento diz respeito. Dissemos que, se quiséssemos uma representação da realidade, a própria frase seria essa representação (embora ela não fosse uma imagem por semelhança).

Tentei, através de tudo o que foi dito anteriormente, afastar a tentação de pensar que *«deve* existir» o que se chama um processo mental de pensamento, esperança, desejo, querença, etc. independente do processo de expressão de um pensamento, de uma esperança, de um desejo, etc.

Quero agora apresentar-vos o seguinte *método empírico:* se se sentirem perplexos acerca da natureza do pensamento, da crença, do conhecimento e outras coisas afins, substituam o pensamento pela expressão do pensamento, etc. A dificuldade que encontramos nesta substituição e, simultaneamente, o interesse que temos em a fazer, é a seguinte: a expressão da crença, do pensamento, etc., é apenas uma frase; – e a frase só tem sentido no quadro de um sistema de linguagem; enquanto a expressão no seio de um cálculo. Ora, somos tentados a imaginar este cálculo, por assim dizer, como um pano de fundo permanente para cada frase proferida e a pensar que, embora a frase escrita num bocado de papel, ou dita, se apresente isolada, no acto mental do pensamento o cálculo está presente na sua totalidade. O acto mental parece realizar de maneira milagrosa o que não poderia ser realizado por qualquer acto de manipulação de símbolos. Quando desaparece a tentação e pensamos que, num certo sentido, a totalidade do cálculo deve estar presente ao mesmo tempo, deixa de ter qualquer interesse *postular* a existência de um tipo peculiar de acto mental que acompanha a nossa expressão. Isto, evidentemente, não significa que tenhamos mostrado que as expressões dos nossos pensamentos não sejam acompanhadas por actos peculiares da consciência! Simplesmente, já não dizemos que eles *devem* acompanhá-las.

«Mas a expressão dos nossos pensamentos pode sempre faltar à verdade, visto que podemos dizer uma coisa querendo significar outra». Imaginem as várias coisas diferentes que acontecem quando dizemos uma coisa e queremos referir-nos a outra! – Façam a seguinte experiência: digam a frase «está calor neste quarto», querendo dizer «está frio». Observem atentamente o que fazem.

Poderíamos facilmente imaginar seres que pensam em privado por meio de «apartes» e que mentem dizendo algo em voz alta, ao mesmo tempo que, num aparte, dizem o oposto. «Mas a significação, o pensamento, etc., são experiências privadas. Não são actividades como escrever, falar, etc.» – Mas por que motivo não poderiam eles ser as experiências privadas específicas da escrita – as sensações musculares, visuais, tácteis da escrita e da fala?

Façam a seguinte experiência: digam e intencionem uma frase, por exemplo «provavelmente choverá amanhã». Agora pensem de novo o mesmo, conservem a intenção inicial, mas sem dizerem seja o que for (quer em voz alta, quer para vocês próprios). Se pensar que choverá amanhã acompanhava o dizer que choverá amanhã, então dediquem-se apenas às primeira actividade e omitam a segunda. – Se pensar e falar compartilhavam a relação das palavras e da melodia de uma canção, poderíamos omitir o falar e continuar a pensar, tal como podemos cantar a canção sem as palavras.

Mas não será possível de algum modo falar e omitir o pensamento? Sem dúvida – mas observem o que fazem quando falam sem pensar. Observem em primeiro lugar que o processo a que poderíamos chamar «falar e intencionar o que se diz» não é necessariamente distinto do processo de falar irreflectidamente em função do que se passa *na altura em que se fala*. O que distingue os dois processos pode muito bem ser o que se passa antes ou depois de se falar.

Suponham que eu tentava, deliberadamente, falar sem pensar; – O que faria eu de facto? Poderia ler uma frase de um livro, tentando fazê-lo automaticamente, isto é, tentando não acompanhar a frase com imagens e impressões que, caso contrário, ela produziria. Uma maneira de o fazer seria concentrar a minha atenção noutra coisa diferente enquanto proferisse a frase, por exemplo, beliscando-me com força enquanto falasse. Poderíamos dizer que pronunciar uma frase sem pensar consiste em dizê-la separando-a de certos processos que acompanham o acto de falar. Pergunta agora a ti próprio: Será que pensar uma frase sem a dizer consiste em fazer exactamente o contrário, isto é, consiste em manter os processos que acompanhavam as palavras omitindo estas? Tenta pensar os pensamentos de uma frase sem a frase e vê se é isto o que acontece.

Resumindo: se examinarmos minuciosamente os usos que fazemos de palavras como «pensamento», «sentido», «desejo», etc., libertar-nos-emos da tentação de procurar um acto peculiar do pensamento, independente do acto de expressão dos nossos pensamentos, e arrumado no meio peculiar. As formas de expressão estabelecidas já não nos impedem o reconhecimento de que a experiência do pensamento *pode* ser apenas a experiência da fala, ou pode consistir nesta experiência em conjunto com outras que a acompanham. (Será útil também examinar o seguinte caso: supõe que uma multiplicação faz parte de uma frase; pergunta a ti próprio o que será dizer 7×5=35. E pensá-lo, e, por outro lado, dizê-lo sem o pensar.) O exame minucioso da gramática de uma palavra enfraquece a posição de certos padrões fixos da nossa expressão que nos tinham impedido de ver os factos sem quaisquer ideias pré-concebidas. A nossa investigação procurou afastar estes preconceitos, que nos forçam a pensar que os factos se *devem* conformar a determinadas apresentações implantadas na nossa linguagem.

«Sentido» é uma das palavras das quais se pode dizer que desempenham «tarefas ocasionais» na nossa linguagem. São estas palavras que provocam a maior parte dos problemas filosóficos. Imaginem uma instituição cujos membros, na sua maioria, desempenham certas funções habituais que podem facilmente ser descritas, por exemplo, nos estatutos da instituição. Existem, por outro lado, alguns membros que desempenham tarefas ocasionais as quais todavia podem ser extremamente importantes. – O que provoca a maior parte dos problemas em filosofia é o facto de nos sentirmos tentados a descrever o uso de palavras importantes «para tarefas ocasionais», como se elas fossem palavras com funções habituais. O que me levou a adiar a referência à experiência pessoal foi o facto de que pensar sobre este tópico faz aparecer uma multidão de dificuldades filosóficas, que ameaçam destruir as nossas noções comummente aceites sobre o que, habitualmente, chamaríamos os objectos da nossa experiência. E, se fôssemos assaltados por esses problemas, poderia parecer-nos que tudo o que dissemos sobre os signos e sobre os vários objectos a que fizemos referência nos nossos exemplos poderia ter de sofrer uma reforma total.

A situação é, de certo modo, típica no estudo da filosofia e foi algumas vezes descrita pela afirmação de que nenhum problema filosófico pode ser resolvido até que todos os problemas filosóficos sejam resolvidos, o que quer dizer que, enquanto eles não forem na sua totalidade resolvidos, qualquer nova dificuldade torna questionáveis todos os nossos anteriores resultados. Apenas podemos responder grosseiramente a esta afirmação, se pretendemos falar sobre a filosofia em termos tão gerais. Cada novo problema que se levanta pode pôr em causa a *posição* que os nossos resultados parciais anteriores devem ocupar no quadro final. Fala-se nesse caso da necessidade de reinterpretar estes resultados anteriores; e poderíamos dizer: eles têm de ser colocados num meio circundante diferente.

Imaginem que tínhamos de arrumar os livros de uma biblioteca. Quando começamos, os livros estão em desordem no chão. São muitas as maneiras de os classificar e de os pôr nos seus lugares. Uma delas seria agarrar os livros um a um e pô-los na prateleira nos seus lugares correctos. Por outro lado poderíamos pegar em vários livros e pô-los em fila numa prateleira, simplesmente para indicar que esses livros devem dispor-se nessa ordem. No decurso da arrumação da biblioteca esta fila de livros terá na sua totalidade de mudar de lugar. Mas seria errado dizer que, por esse motivo, o facto de eles terem todos sido postos numa prateleira não representava um processo com vista à obtenção do resultado final. Neste caso, de facto, é bastante evidente que o termos arrumado numa mesma fila estes livros, como lhes competia, é algo definitivo que conseguimos, mesmo que tenhamos de mudar toda a fila. Mas algumas das mais importantes realizações da filosofia apenas podem ser comparadas com o facto de pegar em alguns livros, que aparentemente deveriam estar juntos, e colocá-los em prateleiras diferentes; nada é definitivo senão o facto de já não se encontrarem juntos. Alguém que assista e que desconheça as dificuldades da tarefa poderá pensar que nesse caso nada foi alcançado. – A dificuldade em filosofia consiste em não dizer mais do que se sabe, por exemplo, em compreender que, quando se juntaram correctamente dois livros, tal não significa que eles se encontrem nas suas posições definitivas.

Quando pensamos na relação existente entre os objectos que nos rodeiam e as nossas experiências pessoais desses objectos somos por vezes tentados a afirmar que estas experiências pessoais são o material em que consiste a realidade. Tornar-se-á mais claro, posteriormente, o modo como esta tentação se produz.

Quando pensamos deste modo parecemos perder o nosso apoio firme nos objectos que nos rodeiam. Resta-nos, como alternativa, uma quantidade de experiências pessoais de diferentes indivíduos. Estas experiências pessoais parecem vagas e em constante mudança. A nossa linguagem parece não ter sido concebida para as descrever. Somos tentados a pensar que, para esclarecer filosoficamente estes assuntos, a nossa linguagem é muito grosseira e que nos é necessária uma linguagem mais subtil.

Parecemos ter feito uma descoberta – que eu poderia descrever dizendo que o terreno em que nos encontrávamos que parecia ser firme e de confiança, se demonstrou pantanoso e pouco seguro. – Isto é, tal acontece quando filosofamos; visto que, logo que regressamos ao ponto de vista do senso comum, esta incerteza *geral* desaparece. Esta estranha situação pode ser um pouco esclarecida considerando um exemplo; na realidade, trata-se de uma espécie de parábola que ilustra a dificuldade em que nos encontramos que nos mostra, também, o caminho que nos permitirá toureá-la: certos cientistas, empenhados na vulgarização da ciência, disseram-nos que o chão sobre o qual nos encontramos não é sólido, tal como o senso comum o considera, dado que se descobriu que a madeira consiste de partículas tão escassamente distribuídas no espaço que este poderia praticamente ser considerado vazio. Isto pode desorientar-nos, visto que, de certo modo, sabemos com toda a certeza que o chão é sólido, ou que, se não é sólido, isso pode dever-se ao facto de a madeira estar apodrecida, mas não ao facto de ela ser composta por electrões. Afirmar, de acordo com este último ponto de vista, que o chão não é sólido é usar correctamente a linguagem. Mesmo que as partículas fossem tão grandes como grãos de areia, e estivessem tão próximas umas das outras como acontece num monte de areia, o chão não seria sólido se fosse composto por elas no sentido em que o monte de areia é composto por grãos de areia. A nossa perplexidade baseou-se numa má compreensão; a imagem do espaço escassamente preenchido foi *aplicada* erradamente. Esta imagem da estrutura da matéria tinha a intenção de explicar o próprio fenómeno da solidez.

Da mesma maneira que, neste exemplo, a palavra «solidez» foi incorrectamente utilizada e parecia que tínhamos mostrado que nada era realmente sólido, também ao expormos os nossos embaraços sobre a *imprecisão geral* da experiência sensorial, e sobre a mudança contínua a que estão sujeitos todos os fenómenos, utilizamos indevidamente as palavras «mudança contínua» e «imprecisão», de uma maneira tipicamente metafísica, isto é, sem uma antítese, ao passo que no seu uso correcto e quotidiano a imprecisão se opõe à clareza, a mudança à estabilidade, a inexactidão à exactidão, o *problema à solução*. Poderia dizer-se que a própria palavra «problema» é aplicada incorrectamente quando é utilizada para as nossas dificuldades filosóficas. Estas dificuldades, se forem consideradas problemas, são torturantes, e parecem ser insolúveis.

Sinto-me tentado a dizer que a minha própria experiência é real: «sei que vejo, ouço, sinto dores, etc., mas não sei se isto acontece com qualquer outra pessoa. Não o posso saber, porque eu sou eu e eles são eles».

Por outro lado sinto-me envergonhado por dizer a uma pessoa que a minha experiência é a única experiência real; e sei que ela me replicará que poderia dizer o mesmo sobre a sua experiência. Isto parece conduzir a um equívoco absurdo. Dizem-me também: «Se tens pena de alguém que tem dores, deves seguramente *acreditar* pelo menos que essa pessoa tem dores». Mas como posso eu justamente *acreditar* nisto? Como podem estas palavras ter algum sentido para mim? Como poderia eu, justamente, aceder à ideia da experiência de um outro, se não há possibilidade de evidência dela?

Mas não terá sido esta uma estranha pergunta? *Não poderei* acreditar que outra pessoa qualquer tem dores? Não será fácil acreditar nisto? – Não se poderá responder que as coisas são como parecem ser ao senso comum? – De novo constatamos, desnecessário será dizê-lo, que não sentimos estas dificuldades na vida quotidiana. Nem será verdadeiro dizer que as sentimos quando examinamos minuciosamente as nossas experiências recorrendo à introspecção, ou as investigamos cientificamente. Mas, seja como for, quando as examinamos de uma certa maneira, a nossa expressão pode ficar confundida. Temos impressão de que para fazermos o nosso *puzzle*, dispúnhamos, ou das peças erradas ou da não totalidade das peças. Mas todas as peças estão lá, simplesmente encontram-se misturadas; e existe ainda uma outra analogia entre o *puzzle* e o nosso caso: de nada serve recorrer à força para tentar juntar as peças. Tudo o que podemos fazer é examiná-las *cuidadosamente* e descobrir o modo de as pôr em ordem. Existem proposições das quais podemos dizer que descrevem factos do mundo material (mundo externo). Falando de uma maneira geral, elas tratam de objectos físicos: corpos, fluidos, etc.. Não estou a pensar, em particular, nas leis das ciências naturais, mas em proposições como «as túlipas do teu jardim floresceram», ou «Smith chegará a qualquer momento». Existem, por outro lado, proposições que descrevem experiências pessoais, como quando o sujeito descreve numa experiência psicológica as suas experiências sensoriais; por exemplo, a sua experiência visual, independentemente dos objectos que se encontrem realmente perante os seus olhos e, notem bem, independentemente também de quaisquer processos que possam ocorrer e ser observados na sua retina, nos seus nervos, no seu cérebro, ou em outras partes do seu corpo. (Isto é, independentemente tanto de factos físicos, como fisiológicos.)

À primeira vista pode ter-se a impressão (o motivo que leva a que isso aconteça só se tomará mais claro posteriormente) de que temos aqui dois tipos de mundos, mundos feitos de materiais diferentes; um mundo mental e um mundo físico. O mundo mental, de facto, pode ser imaginado como gasoso ou, mais propriamente, como etéreo. Mas deixem que vos lembre aqui o singular papel representado em filosofia pelo gasoso e pelo etéreo, – quando denotamos que um substantivo não é usado como o que, em geral, chamamos o nome de um objecto e quando, por conseguinte, não conseguimos evitar dizer a nós próprios que ele é o nome de um objecto etéreo. Quero com isto dizer, que já conhecemos a ideia de «objectos etéreos», como um subterfúgio que utilizamos quando estamos embaraçados com a gramática de certas palavras, quando tudo o que sabemos é que elas não são utilizadas como nomes de objectos materiais. Isto é uma sugestão sobre como fazer desaparecer o problema da dualidade do *espírito* e da *matéria*. Parece-nos algumas vezes que os fenómenos da experiência pessoal ocorrem de certo modo nas camadas mais elevadas da atmosfera em contraste com os fenómenos materiais que ocorrem no solo. Existem pontos de vista, de acordo com os quais estes fenómenos das camadas mais elevadas surgem quando os fenómenos materiais atingem um certo grau de complexidade. Por exemplo, que os fenómenos mentais, a experiência sensorial, a volição, etc., aparecem quando se desenvolve uma espécie de organismo animal de uma certa complexidade. Isto parece ser uma verdade evidente, visto que a amiba certamente não fala, ou escreve, ou discute, ao passo que nós o fazemos. Por outro lado surge aqui o problema que poderia ser expresso pela questão: «Será possível a uma máquina pensar?» (Quer a acção desta máquina possa ser descrita e prevista pelas leis da física quer, possivelmente, apenas por leis de um tipo diferente, aplicadas ao comportamento de organismos.) E a dificuldade que é expressa nesta questão não consiste realmente no facto de não dispormos ainda de uma máquina que o possa fazer. A questão não é semelhante à que alguém poderia ter levantado há uns cem anos: «Será possível a uma máquina liquefazer um gás?» A dificuldade encontra-se antes no facto de a frase «uma máquina pensa (percebe, deseja)» parecer ser, de certo modo, desprovida de sentido. É como se tivéssemos perguntado «O número três tem uma cor?» («Qual poderia ser a cor, visto que é óbvio ele não ter qualquer das cores que conhecemos?») visto que, sobre um aspecto da questão, a experiência pessoal, longe de ser o *produto* de processos físicos, químicos, fisiológicos, parece ser a própria *base* de tudo o que dizemos com algum sentido sobre esses processos. Se considerarmos as coisas deste ponto de vista, sentimo-nos inclinados a utilizar a nossa ideia de um material de construção de uma outra maneira ainda enganadora e a afirmar que o mundo na sua totalidade, tanto o mental como o físico, é feito apenas de um material. Quando consideramos tudo o que conhecemos e podemos dizer sobre o mundo como se tivesse por base a experiência pessoal, então o que conhecemos parece perder uma grande parte do seu valor, segurança e solidez. Sentimo-nos, então, inclinados a dizer que tudo é «subjectivo» e a palavra «subjectivo» é usada como carácter depreciativo, como quando dizemos que uma opinião é *meramente* subjectiva, é uma questão de gosto pessoal. Ora, o facto de este aspecto parecer abalar a autoridade da experiência e do conhecimento, sugere que a nossa linguagem está aqui a induzir-nos a estabelecer uma analogia enganadora. Isto deveria lembrar-nos do caso em que o cientista parecia ter-nos mostrado que o chão sobre o qual nos encontramos não é realmente sólido, porque é constituído por electrões.

Confrontamo-nos com dificuldades provocadas pelo nosso modo de expressão.

Uma outra dessas dificuldades, bastante semelhante, é expressa na frase: «Apenas posso saber que tenho experiências pessoais, e não que outra pessoa qualquer as tem». – Chamaremos então à experiência pessoal de qualquer outra pessoa uma hipótese desnecessária? – Mas será de facto uma hipótese? Como posso formular a hipótese se ela transcende toda a experiência possível? Que sentido lhe atribuiria? (Não será um pouco como o papel-moeda emitido sem uma contrapartida de ouro?) – O facto de alguém nos dizer que, embora não saibamos se a outra pessoa tem dores acreditamos

certamente que isso acontece quando, por exemplo, temos pena dela, em nada nos ajuda. Não teríamos seguramente pena dela se não acreditássemos que ela tinha dores; mas será que esta é uma crença filosófica, metafísica? Terá um realista mais pena de mim do que um idealista ou um solipsista? – De facto o solipsista pergunta: «Como *podemos* acreditar que a outra pessoa tem dores, o que significa acreditar nisto? Como poderá a expressão de tal suposição fazer sentido?»
Ora a resposta do filósofo do senso comum – e este, notem bem não é o homem do senso comum, que se encontra tão afastado do realismo como do idealismo – a resposta do filósofo do senso comum é que não existe certamente qualquer dificuldade na ideia de supor, pensar, imaginar que alguém tem o que eu tenho. Mas o problema com o realista é sempre o facto de ele não resolver as dificuldades que os seus adversários vêem, mas passar-lhes por cima embora eles também não sejam bem sucedidos na sua resolução. A resposta realista apenas exibe, do nosso ponto de vista, a dificuldade, visto que quem argumenta desta maneira fecha os olhos à diferença entre os diversos usos das palavras «ter», «imaginar». «A tem um dente de ouro» significa que o dente se encontra na boca de A. Isto pode explicar o facto de eu não ser capaz de o ver. Mas o caso da sua dor de dentes, que eu digo não ser capaz de sentir porque ocorre na boca dele, não é análogo ao caso do dente de ouro. É a analogia aparente e, de novo, a falta de analogia entre estes casos, que provoca as nossas dificuldades. E é a esta característica perturbadora na nossa gramática que o realista não presta atenção. É concebível que eu sinta dor num dente na boca de outro homem, e quem me disser que não pode sentir a dor de dentes de uma outra pessoa não estará a contradizer *isto*. A dificuldade gramatical com que nos confrontamos só poderá ser claramente percebida se nos familiarizarmos com a ideia de sentir dor no corpo de outra pessoa. De outro modo, ao darmos voltas ao miolo por

causa deste problema, estaríamos sujeitos a confundir a nossa proposição metafísica «não posso sentir a dor dele» com a proposição baseada na experiência, «não podemos ter (em regra não temos) dores nos dentes de outra pessoa». Nesta proposição a palavra. «não podemos» é usada da mesma maneira que na proposição «Um prego de ferro não pode riscar o vidro». (Podíamos escrever isto sob a forma «a experiência ensina-nos que um prego de ferro *não* risca o vidro», pondo assim de parte o «não pode».) Para que se veja como é concebível que uma pessoa tenha dores no corpo de outra pessoa, toma-se necessário examinar a que espécie de factos chamamos critérios para a localização de uma dor. É fácil imaginar o seguinte caso: quando vejo as minhas mãos nem sempre tenho consciência das suas relações com o resto do meu corpo. Quero dizer com isto que vejo frequentemente a minha mão a mover-se sem ver o braço que a liga ao tronco. Nessas alturas, não confirmo necessariamente, por qualquer outro processo, a existência do meu braço. Assim a mão, pelo que sei, pode estar ligada ao corpo de uma pessoa que esteja perto de mim (ou, como é evidente, a nenhum corpo humano). Suponham que eu sinto uma dor que, dada unicamente a evidência da dor, por exemplo, com os olhos fechados, eu chamaria uma dor na minha mão esquerda. Alguém me pede para tocar o lugar doloroso com a minha mão direita. Faço-o e ao olhar em volta apercebo-me de que estou a tocar na mão de uma pessoa que se encontra perto de mim (uma mão ligada ao tronco dessa pessoa).

Coloquem-se a questão: como sabemos para onde apontar quando nos pedem para apontarmos para o lugar que nos dói? Poderá o acto de apontar neste caso ser comparado ao apontar para uma marca negra numa folha de papel quando alguém diz: «Aponta para a marca negra nesta folha»? Suponham que alguém dizia «Apontas para este lugar porque já sabes antes de apontar que as dores estão ali localizadas»;

perguntem a vocês próprios «o que significa *saber* que as dores estão ali localizadas?» A palavra «ali» refere-se a uma localização; mas em que espaço, isto é, a uma «localização» em que sentido? Conhecemos o lugar da dor no espaço euclidiano, de tal modo que, quando sabemos que temos dores, sabemos qual a distância a que ele se encontra de duas paredes e do chão? Quando tenho uma dor na ponta de um dedo e toco nos dentes com ela, a minha dor é, nesse caso, tanto uma dor de dentes como uma dor no dedo? Num certo sentido certamente, pode dizer-se que a dor se localiza nos dentes. Será que a razão pela qual é errado dizer-se, neste caso, que eu tenho dor de dentes reside no facto de que, para que a dor fosse nos dentes, ela deveria estar a x milímetros de distância da ponta do meu dedo? Lembrem-se de que a palavra «onde» pode referir-se a localizações em sentidos muito diversos. (Jogam-se com esta palavra muitos jogos gramaticais diferentes, que se parecem *mais* ou *menos* uns com os outros. Pensem nos diferentes usos do número «1».) Posso saber onde está uma coisa e apontar então para ela em virtude disso. O facto de saber onde ela está indica-me para onde apontar. Concebemos aqui o facto de sabermos onde a coisa está como a condição para apontarmos para ela deliberadamente. Assim, pode dizer-se: «posso apontar para o lugar a que te referes, porque o vejo», «posso indicar-te o lugar porque sei onde fica; viras na primeira à direita, etc.». Tem-se tendência para dizer «tenho de saber onde está uma coisa antes de poder apontar para ela». Talvez se sintam menos satisfeitos se disserem: «tenho de saber onde está uma coisa antes de poder olhar para ela». Às vezes, é claro, é correcto dizer-se isto. Mas somos tentados a pensar que existe um estado ou um acontecimento psíquico particular, conhecimento do lugar, que deve preceder todo o acto deliberado de apontar, todo o movimento em direcção a algo, etc. Pensem no caso análogo: «apenas se pode obedecer a uma ordem depois de a ter compreendido».

Se eu aponto para o lugar do meu braço que me dói, em que sentido se pode dizer que conhecia a localização da dor antes de ter apontado para o lugar? Antes de apontar poderia ter dito «a dor localiza-se no meu braço esquerdo». Suponhamos que o meu braço tinha sido coberto por uma rede de linhas, numeradas de tal modo que poderia referir-me a qualquer lugar na sua superfície. Seria necessário que pudesse ser capaz de descrever o lugar doloroso, através destas coordenadas, antes de poder apontar para ele? O que pretendo dizer é que o acto de apontar *determina* um lugar da dor. Este acto de apontar, a propósito, não deve ser confundido com o acto de descobrir o lugar doloroso através de uma investigação minuciosa. Na realidade os dois podem conduzir a resultados diferentes.

Podemos imaginar uma enorme variedade de casos em que diríamos que alguém tem dores no corpo de outra pessoa; ou, por exemplo, num móvel, ou num lugar vazio. É claro que não nos devemos esquecer de que uma dor numa parte particular do nosso corpo, por exemplo, num dos dentes do maxilar superior, tem uma vizinhança táctil e cinestésica peculiar. Elevando a nossa mão encontramos, a uma pequena distância, o olho; e as palavras «pequena distância» referem-se aqui a uma distância táctil ou a uma distância cinestésica, ou a ambas. (E fácil imaginar distâncias tácteis e cinestésicas correlacionadas de maneiras diferentes da habitual. A distância da nossa boca ao nosso olho pode parecer muito grande, aos músculos do nosso braço, quando movemos um dedo da boca até ao olho. Pensem na dimensão que imaginam ter uma cavidade num dente quando o dentista a está a brocar e a sondar.)

Quando disse que se elevássemos ligeiramente a nossa mão, encontraríamos o nosso olho, estava apenas a referir-me à evidência táctil. Isto é, o critério para o toque do meu dedo no meu olho era apenas o de eu ter a sensação particular que me levaria a dizer que estava a tocar no meu olho, mesmo que não dispusesse de qualquer evidência visual, e até mesmo se, ao olhar para um espelho, não visse o meu dedo a tocar no meu olho, mas, por exemplo, a tocar na minha testa. Exactamente como a «pequena distância» a que me referia era uma distância táctil ou cinestésica, também os lugares dos quais disse «ficam a uma pequena distância» eram lugares tácteis. Dizer que o meu dedo se move no espaço táctil e cinestésico do meu dente até ao meu olho significa, então, que tenho essas experiências tácteis e cinestésicas que normalmente temos quando dizemos «o meu dedo move-se do meu dente até ao meu olho». Mas aquilo que consideramos como evidência para esta última proposição não é, de algum modo, como todos o sabemos, apenas táctil e cinestésico. De facto, se eu tivesse as sensações tácteis e cinestésicas referidas, poderia não obstante negar a proposição «o meu dedo move-se etc....» em virtude do que via. Essa proposição é uma proposição acerca de objectos físicos. (E não pensem agora que a expressão «objectos físicos» quer dizer que se tenha a intenção de distinguir um objecto de outro tipo de objecto.) A gramática das proposições a que chamamos proposições respeitantes a objectos físicos admite uma variedade de evidências para cada uma dessas proposições. A gramática dessa proposição «o meu dedo move-se, etc.» caracteriza-se pelo facto de eu poder considerar as proposições «vejo-o mover-se», «sinto-o mover-se», «ele vê-o mover-se», «ele diz-me que ele se move», etc. como evidências dessa proposição. Ora, se digo «vejo a minha mão mover-se», isto parece à primeira vista pressupor que concordo com a proposição «a minha mão move-se». Mas se considerar a proposição «vejo a minha mão mover-se» como uma das evidências para a proposição «a minha mão move-se», a verdade da última não é, certamente, pressuposta na verdade da primeira. Poderia, por conseguinte, sugerir-se a expressão «parece que a minha mão se está a mover» em vez de «vejo a minha mão mover-se». Mas esta expressão, embora indique que a minha mão pode parecer estar a mover-se, sem que realmente isso aconteça, poderia ainda sugerir que no fim de contas deve existir uma mão para que ela pareça estar a mover-se; ao passo que poderíamos facilmente imaginar casos em que a proposição que descreve a evidência visual é verdadeira e ao mesmo tempo outras evidências nos levam a dizer que eu não tenho mão. O nosso modo de expressão habitual obscurece isto. A desvantagem da linguagem comum impõe-se-nos ao termos de descrever, por exemplo, uma sensação táctil recorrendo a termos para objectos físicos como a palavra «olho», «dedo», etc., quando o que queremos dizer não implica a existência de um olho ou de um dedo, etc. Temos de usar uma descrição indirecta das nossas sensações. Isto, é claro, não significa que a linguagem comum seja insuficiente para os nossos propósitos especiais, mas que é ligeiramente incómoda e às vezes nos leva a conclusões erradas. A razão para esta peculiaridade da nossa linguagem é, certamente, a coincidência regular de certas experiências sensoriais. Assim, quando sinto o meu braço a mover-se, a maior parte das vezes também o posso ver a mover-se. E se o tocar com a minha mão, a mão também sente o movimento, etc. (O homem cujo pé foi amputado descreverá uma dor particular como uma dor no seu pé.) Sentimos em tais casos uma forte necessidade de uma expressão como: «uma sensação passa da minha face táctil ao meu olho táctil». Disse tudo isto porque, se tiverem consciência do meio táctil e cinestésico de uma dor, poderão sentir dificuldades em imaginar que se poderia ter uma dor de dentes em qualquer outro lugar que não os próprios dentes. Mas se imaginarmos um caso desse tipo, isso significa simplesmente que imaginámos uma correlação entre experiências visuais, tácteis, cinestésicas, etc., diferente da correlação ordinária. Assim podemos imaginar uma pessoa que tenha a sensação de dor de dentes, mais aquelas experiências tácteis e cinestésicas que, normalmente, estão associadas com a visão da sua mão passando do seu dente ao seu nariz, aos seus olhos, etc., mas correlacionadas com a experiência visual da sua mão em movimento para esses lugares na cara de outra pessoa. Ou ainda, podemos imaginar uma pessoa que tenha a sensação cinestésica do movimento da sua mão e a sensação táctil, nos seus dedos e na sua cara, do movimento dos seus dedos sobre a sua cara, enquanto as suas sensações cinestésicas e visuais teriam de ser descritas como correspondendo às dos seus dedos movendo-se sobre o seu joelho. Se tivéssemos uma sensação de dor de dentes, mais certas sensações tácteis e cinestésicas características habitualmente do toque no dente que nos dói e nas zonas vizinhas da nossa cara, e se estas sensações fossem acompanhadas pela visão da mão a tocar e a andar de um lado para o outro na borda da mesa, teríamos dúvidas sobre se deveríamos ou não chamar a esta experiência uma experiência de dor de dentes na mesa. Se, por outro lado, as sensações tácteis e cinestésicas descritas estivessem correlacionadas com a experiência visual da visão da mão a tocar um dente e outras partes da cara de uma outra pessoa, não há dúvida de que chamaria a esta experiência «dor de dentes num dente de outra pessoa».

Disse que o homem que argumentava ser impossível sentir a dor de outra pessoa não desejava por esse meio negar que uma pessoa podia sentir dor no corpo de outra pessoa. De facto, ele teria dito: «Eu posso ter esta dor de dentes no dente de um outro homem, mas não a sua dor de dentes».

Assim as proposições «A tem um dente de ouro» e «A tem uma dor de dentes» não são usadas analogamente. Diferem nas suas gramáticas onde, à primeira vista, poderiam parecer não ser diferentes.

Quanto ao uso da palavra «Imaginar», poderia dizer-se: «existe com toda a certeza um acto definido de imaginar a dor de outra pessoa». Não negamos isto, evidentemente, ou qualquer outra afirmação acerca de factos. Mas vejamos: se imaginamos a dor de outra pessoa, aplicaremos a imagem da mesma maneira que aplicamos, por exemplo, a imagem de um olho negro, quando imaginamos que a outra pessoa o tem? Substituamos de novo a imaginação, no sentido habitual, por uma imagem pintada. (Esta poderia muito bem ser *a* maneira de imaginar de certos seres.) Suponhamos então que alguém imagina desta maneira que A tem um olho negro. Uma aplicação muito importante desta imagem consistirá na sua comparação com o olho real, para ver se a imagem é correcta. Quando imaginamos vividamente que alguém sofre com dores, intervém frequentemente, na nossa imagem, o que se poderia chamar uma sombra da dor, sentida no lugar correspondente àquele em que dizemos que a sua dor é sentida. Mas o sentido em que dizemos que uma imagem é uma imagem, é determinado pelo modo como a comparamos com a realidade. Poderíamos chamar a isto o método da projecção. Pensem agora na comparação de uma imagem da dor de dentes de A, com a sua dor de dentes. Como as poderiam comparar? Se me disserem que o fazem «indirectamente», através do seu comportamento corporal, responder-lhes-ei que isto significa que *não* as comparam como comparam a imagem do seu comportamento com o seu comportamento.

De novo, quando dizem «terás de admitir que não podes *saber* quando A tem dores, apenas o podes conjecturar», não vêem a dificuldade que existe nos diferentes usos das palavras «conjecturar» e «saber». A que tipo de impossibilidade se referiam quando disseram que *não se podia* saber? Não estariam a pensar num caso análogo àquele em que não se podia saber se o outro homem tinha um dente de ouro na boca, visto que a sua boca se encontrava fechada? Neste caso todavia o que não sabiam, poderiam imaginar saber; faria sentido dizerem que viam aquele dente embora não o vissem; ou antes, faria sentido dizerem que não viam o dente dele e por consequência faria também sentido dizerem que o viam. Quando, por outro lado, me disseram que eu teria de admitir que um homem não pode *saber* se outra pessoa tem dores, não pretendiam dizer que na realidade as pessoas não o sabiam, mas sim que não fazia sentido dizer que sabiam (e por consequência que não fazia sentido dizer que não sabiam). Se, por isso, usam o termo «conjectura» ou «crença» neste caso, não o opõem a «saber». Isto é, não declararam que este saber era um objectivo que não podiam alcançar, e que tinham de se contentar com conjecturar, ou antes, não há qualquer objectivo neste jogo. Da mesma maneira que, quando se diz «não podes enumerar toda a série dos números cardinais», não se enuncia um facto sobre a fragilidade humana mas sobre uma convenção por nós estabelecida. A nossa declaração não é comparável, se bem que tenha sempre sido falsamente comparada, a uma declaração como «é impossível a um ser humano atravessar o Atlântico a nado»; mas é análoga a uma declaração, tal como «não há qualquer objectivo numa corrida de resistência». E isto é uma das coisas que sente indistintamente a pessoa que não se satisfaz com a explicação de que, se bem que não possa saber..., pode conjecturar...

Se estamos zangados com alguém que, estando constipado, sai à rua num dia de frio, dizemos por vezes: «a gripe é tua». E isto pode significar: «eu não sofro com a tua constipação». Esta é uma proposição fundada na experiência, visto que poderíamos imaginar, por assim dizer, uma espécie de ligação imaterial entre os dois corpos que fizesse que uma pessoa sentisse dores de cabeça depois de outra se ter exposto ao frio. Poderia argumentar-se, neste caso, que as dores são minhas porque são sentidas na minha cabeça. Mas suponham que eu e outra pessoas tínhamos uma parte dos nossos corpos em comum, por exemplo, uma mão. Imaginem que os nervos e os tendões do meu braço e do braço de A tinham sido ligados a esta mão por uma operação. Imaginem agora que a mão era picada por uma vespa. Ambos gritamos, fazemos esgares de dor, damos a mesma descrição da dor, etc.. Diremos, neste caso, que tivemos a mesma dor ou dores diferentes? Se num caso destes disserem: «sentimos dor no mesmo sítio, no mesmo corpo, as nossas descrições são concordantes e, no entanto, a minha dor não pode ser a dor dele», suponho que se sentirão inclinados a justificá-lo dizendo: «porque a minha dor é a minha dor e a dor dele é a dor dele». E aqui estão a fazer um enunciado gramatical sobre o uso de uma frase como «a mesma dor». Vocês dizem que não desejam aplicar a frase «ele tem a minha dor» ou «ambos temos a mesma dor», e que em vez disso, possivelmente, aplicarão uma frase do tipo «a dor dele é exactamente idêntica à minha». (E dizer-se que os dois não podiam ter a mesma dor, não provaria nada, visto que se poderia anestesiar ou matar um deles e não obstante o outro continuaria a sentir dor.) Evidentemente, se excluirmos a frase «eu tenho a dor de dentes dele» da nossa linguagem, excluímos desse modo também «eu tenho (ou sinto) a *minha* dor de dentes». Uma outra forma do nosso enunciado metafísico é a seguinte: «os dados dos sentidos de um homem são privados». E esta maneira de o expressar é ainda mais enganadora, visto que se assemelha mais a uma proposição baseada na experiência; o filósofo que afirma isto pode muito bem pensar que está a expressar uma espécie de verdade científica.

Utilizamos a frase «dois livros têm a mesma cor», mas poderíamos perfeitamente dizer: «não podem ter a *mesma* cor, porque, no fim de contas, este livro tem a sua própria cor, e o outro livro tem também a sua própria cor». Isto seria também o enunciado de uma regra gramatical – uma regra que, a propósito, não está de acordo com o nosso uso habitual. A razão para se pensar nestes dois usos diferentes é a seguinte: comparamos o caso dos dados dos sentidos com o de corpos físicos, relativamente ao qual fazemos a distinção entre: «esta é a mesma cadeira que eu vi há uma hora» e «esta não é a mesma cadeira, mas outra exactamente igual a essa». Aqui faz sentido dizer, e constitui uma posição baseada na experiência, que «A e B não podiam ter visto a mesma cadeira, visto que A estava em Londres e B em Cambridge; eles viram duas cadeiras exactamente semelhantes». (Será útil, neste caso, considerarem os diferentes critérios do que chamamos a «identidade destes objectos». Como aplicamos as expressões: «Este é o mesmo dia...», «Esta é a mesma palavra...», «Esta é a mesma ocasião...», etc.?)

O que fizemos no decurso destas discussões foi o que fazemos sempre quando encontramos a palavra «poder» numa proposição metafísica. Mostramos que esta proposição esconde uma regra gramatical, isto é, destruímos a semelhança aparente entre uma proposição metafísica e uma proposição baseada na experiência e tentamos descobrir a forma de expressão que satisfaz um certo desejo do metafísico, que a nossa linguagem vulgar não satisfaz e que, enquanto não for satisfeito, produz a perplexidade metafísica. Quando afirmo de novo, num sentido metafísico, «devo sempre *saber* quando tenho dores», isto torna absolutamente redundante a palavra «saber»; e em vez de «eu sei que tenho dores», posso simplesmente dizer «tenho dores». A questão será certamente diferente se dermos sentido à frase «dor inconsciente», fixando critérios baseados na experiência para o caso em que um homem tem dores e não o sabe, e se em seguida dissermos (correcta ou incorrectamente) que, na realidade, nunca ninguém teve dores sem o saber. Quando dizemos «não posso sentir a dor dele», ocorre-nos ao espírito a ideia de uma barreira intransponível. Pensemos imediatamente num caso semelhante: «as cores verde e azul não podem coexistir simultaneamente». Aqui, a imagem de impossibilidade física que nos ocorre ao espírito não é, possivelmente, a de uma barreira; temos antes a impressão de que cada uma das cores estorva a outra. Qual a origem desta ideia? – Dizemos que três pessoas não podem sentar-se neste banco; não há espaço suficiente para que o façam. Ora o caso das cores não é análogo a este; mas é um pouco semelhante ao da afirmação: «3×40 centímetros não cabem num metro». Esta é uma regra gramatical e expressa uma impossibilidade lógica. A proposição «três homens não podem sentar-se uns ao lado dos outros num banco com um metro de comprimento» expressa uma impossibilidade física; e este exemplo mostra claramente o motivo da confusão entre as duas impossibilidades. (Comparem a proposição «ele é 25 centímetros mais alto do que eu» com «em dois metros há mais 25 centímetros do que num metro e setenta e cinco». Estas proposições são de tipos completamente diferentes, mas parecem ser muito semelhantes.) A razão por que nestes casos a ideia de impossibilidade física nos ocorre ao espírito reside no facto de, por um lado, nos decidirmos contra o uso de uma forma particular de expressão e, por outro, nos sentirmos fortemente inclinados a usá-la, porque (a) é uma expressão idiomática inglesa, ou alemã, etc., e (b) existem formas de expressão semelhantes que são utilizadas noutras áreas da nossa língua. Decidimos não utilizar a expressão «estão no mesmo lugar»; por outro lado, esta expressão atrai-nos fortemente, em virtude da analogia com outras expressões, de tal modo que, num certo sentido, temos de a afastar à força. E é por isto que nos parece estarmos a rejeitar uma proposição universalmente falsa. Construímos uma imagem como a das cores que se estorvavam mutuamente, ou a de uma barreira que não permite a uma pessoa aceder à experiência de outra pessoa, senão através da observação do seu comportamento; mas um exame mais atento revela-nos que não podemos aplicar a imagem que construímos.

A nossa hesitação entre a impossibilidade lógica e a impossibilidade física leva-nos a fazer declarações como esta: «se o que sinto é sempre, apenas, *a minha* dor, o que poderá significar a suposição de que uma outra pessoa tem dores?» A única coisa a fazer em tais casos consiste sempre em ver como as palavras em questão *são efectivamente usadas na nossa linguagem*. Em todos esses casos estamos a pensar num uso diferente daquele que a nossa linguagem vulgar faz das palavras. Por outro lado, trata-se de um uso que, precisamente nessa situação, por qualquer razão nos atrai fortemente. Quando algo nos parece estranho relativamente à gramática das nossas palavras, isso deve-se ao facto de termos tendência para utilizar uma palavra, alternadamente, de várias maneiras diferentes. É particularmente difícil descobrir que uma asserção, feita pelo metafísico, expressa desacordo com a nossa gramática, quando as palavras desta asserção podem também ser usadas para referir um facto da experiência. Assim quando ele diz «a única dor real é a minha dor», esta frase poderia significar que as outras pessoas apenas fingem ter dores. E quando afirma «esta árvore não existe quando ninguém a vê» isto poderá significar: «esta árvore desaparece quando lhe viramos as costas». O homem que diz «a única dor real é a minha dor» não quer com isso dizer que descobriu recorrendo aos critérios vulgares – isto é, os critérios que conferem às nossas palavras os seus sentidos habituais – que as outras pessoas que diziam ter dores estavam a fingir. O que o leva a insurgir-se é o uso *desta* expressão em conexão com *estes* critérios, isto é, ele opõe-se ao uso desta palavra da maneira particular como ela é utilizada vulgarmente. Por outro lado, não tem consciência de se estar a opor a uma convenção. Ele imagina uma maneira de dividir o país, diferente daquela que é utilizada no mapa vulgar. Sente-se tentado, por exemplo, a utilizar o nome «Devonshire» para se referir, não aos limites convencionais do condado, mas a uma região limitada de modo diferente. Ele poderia expressar esta tendência dizendo: «Não será absurdo fazer *disto* um condado, traçar os limites *aqui*?» mas o que diz é: «Este é *o verdadeiro* Devonshire». Poderíamos responder-lhe: «O que pretendes é apenas uma nova notação, e uma nova notação não altera os factos da geografia». É verdade, contudo, que nos podemos sentir irresistivelmente atraídos ou repelidos por uma notação. (Esquecemos facilmente o quanto uma notação, uma forma de expressão, pode significar para nós, e que o facto de a mudar não é sempre tão fácil como frequentemente o é na matemática e nas ciências. Uma mudança de roupas ou de nomes pode significar muito pouco, mas também pode significar muito.)

Tentarei esclarecer o problema discutido pelos realistas, idealistas e solipsistas apresentando-vos um problema que com este se relaciona. É o seguinte: «podemos ter pensamentos inconscientes, sentimentos inconscientes, etc.?» A ideia da existência de pensamentos inconscientes fez que muitas pessoas se insurgissem. Outras pessoas, pelo contrário, afamaram que era errado supor-se que apenas podiam existir pensamentos conscientes e que a psicanálise tinha descoberto pensamentos inconscientes. Os que se opunham ao pensamento inconsciente não perceberam que não estavam a opor-se às reacções psicológicas recentemente descobertas, mas ao modo como elas eram descritas. Os psicanalistas, por outro lado, foram induzidos em erro pela sua própria maneira de se expressarem, ao pensarem que tinham descoberto algo mais do que novas reacções psicológicas; que tinham, num certo sentido, descoberto pensamentos conscientes que eram inconscientes. Os primeiros poderiam ter exposto as suas objecções dizendo: «Não queremos utilizar a expressão "pensamentos inconscientes"; queremos reservar a palavra "pensamento" para o que chamam "pensamentos conscientes"». Mas ao dizerem: «Apenas podem existir pensamentos conscientes e não pensamentos inconscientes», eles expõem os seus argumentos incorrectamente, visto que se não querem falar de «pensamento inconsciente» não deveriam também utilizar a expressão «pensamento consciente».

Mas não será correcto dizer que, seja qual for o caso, a pessoa que fala, tanto de pensamentos conscientes como de pensamentos inconscientes, usa desse modo a palavra «pensamentos» de duas maneiras diferentes? (Será que usamos um martelo de duas maneiras diferentes quando pregamos com ele um prego e, por outro lado, quando enfiamos uma estaca num buraco? E usá-lo-emos de duas maneiras diferentes ou da mesma maneira quando enfiamos esta estaca neste buraco e, por outro lado, outra estaca noutro buraco? Ou apenas nos poderíamos referir a diferentes usos quando, num caso, enfiamos algo, numa coisa qualquer e noutro, por exemplo, esmagamos algo? Ou corresponderá tudo isto a um único uso do martelo e apenas poderemos referir-nos a uma maneira diferente de o usar quando o utilizamos como pisa-papéis?) Em que circunstâncias se poderá dizer que uma palavra é utilizada de duas maneiras diferentes e em que circunstância se poderá dizer que ela é utilizada da mesma maneira? Dizer que uma palavra é usada de duas (ou mais) maneiras diferentes não nos fornece, por si só, qualquer ideia acerca do seu uso. Apenas especifica uma maneira de encararmos este uso, facultando um esquema para a sua descrição com duas (ou mais) subdivisões. É correcto dizer: «faço *duas* coisas com este martelo; prego um prego nesta tábua e um naquela tábua». Mas podia também ter dito: «só faço uma coisa com este martelo; prego um prego nesta tábua e outro naquela tábua». São de dois tipos as discussões sobre se uma palavra é usada de uma maneira ou de duas maneiras: (a) Duas pessoas podem discutir sobre se a palavra inglesa «cleave» é apenas usada para indicar que separamos algo ou é também usada para indicar que juntamos algo. Esta é uma discussão acerca de um certo uso efectivo. *(b)* Elas podem discutir se a palavra «altos», que significa tanto «profundo» como «alto», é *assim* usada de duas maneiras diferentes. Esta questão é análoga à questão sobre se a palavra «pensamento» é usada de duas ou de uma maneira, quando falamos de pensamento consciente e inconsciente. O homem que diz «é evidente que estes dois usos são diferentes» já decidiu utilizar um esquema que comporta duas subdivisões, e o que disse expressou esta decisão.

Ora quando o solipsista afirma que só as suas próprias experiências são reais, não serve de nada responder-lhe: «porque nos diz isso se não acredita realmente que o possamos ouvir?» Ou, em todo o caso, se lhe respondermos desta maneira, não devemos acreditar que resolvemos o seu problema. Um problema filosófico não admite uma resposta do senso comum. Pode apenas defender-se o senso comum contra os ataques dos filósofos resolvendo os enigmas destes, isto é, curando-os da tentação de atacarem o senso comum e não através de uma nova apresentação dos pontos de vista do senso comum. Um filósofo não é um homem que não está no seu juízo, um homem que não vê o que todos vêem, nem, por outro lado, o seu desacordo com o senso comum é idêntico ao do cientista, que não aceita o ponto de vista vulgar do homem da rua. Isto é, o seu desacordo não se funda num conhecimento de facto mais subtil. Temos, por consequência de procurar a *fonte* desta perplexidade. E apercebemo-nos de que existe perplexidade e mal-estar mental, não apenas quando a nossa curiosidade acerca de certos factos não é satisfeita, ou quando não descobrimos uma lei da natureza que possa dar conta da totalidade da nossa experiência, mas também quando uma notação nos desagrada – possivelmente por causa de várias associações que evoca. A nossa linguagem vulgar, que de todas as notações possíveis é aquela que atravessa toda a nossa vida, mantém o nosso espírito rigidamente, por assim dizer, numa certa posição e, nesta posição, ele sente-se por vezes constrangido, manifestando também um desejo por outras posições. Assim desejamos por vezes uma notação que acentue mais fortemente uma diferença, a torne mais óbvia, do que o faz a linguagem vulgar, ou então uma notação que, num caso particular, use formas de expressão mais semelhantes do que a nossa linguagem vulgar. O nosso constrangimento mental abranda quando nos são reveladas as notações que satisfazem estas necessidades, que podem ser extremamente variadas.

Ora, o homem a que chamamos um solipsista e que diz que só as suas experiências são reais, não discorda, ao dizer isso, de nós, acerca de qualquer questão prática de facto, não afirma que estamos a simular quando nos queixamos de dores, tem tanta pena de nós como qualquer outra pessoa e, ao mesmo tempo, deseja restringir o uso do epíteto «real» ao que chamaríamos as suas experiências; e talvez não queira chamar às nossas experiências, «experiências» (de novo sem discordar de nós acerca de qualquer questão de facto). Ele diria que seria *inconcebível* que outras experiências que não a sua fossem reais. Ele deveria, por conseguinte, utilizar uma notação em que uma expressão como «A tem dores de dentes reais» (em que A não é ele) não teria qualquer sentido, uma notação cujas regras excluiriam esta expressão tal como as regras do xadrez excluem a possibilidade de um peão se mover como um cavalo. A sugestão do solipsista traz como resultado o uso de uma expressão como «existe dor de dentes real» em vez de «Smith (o solipsista) tem dor de dentes». E por que motivo não haveríamos de lhe admitir esta notação? Não é necessário dizer que, para evitar confusão, ele faria melhor em não utilizar a palavra «real» em oposição à palavra «simulada»; o que significa apenas que teremos de estabelecer a distinção «real»/«simulado» de outra maneira. O solipsista que diz «só eu sinto dores reais», «sou eu o único a ver (ou ouvir) realmente» não está a expressar uma opinião; e é por esse motivo que está tão certo do que diz. Ele sente-se irresistivelmente tentado a usar uma certa forma de expressão; mas resta-nos ainda descobrir *porquê*. A expressão «sou o único a ver realmente» está intimamente relacionada com a ideia expressa na asserção «nunca sabemos o que outra pessoa vê na realidade, quando ela olha para uma coisa» ou, «nunca poderemos saber se aquilo a que ele chama "azul" é a mesma coisa a que nós chamamos "azul"». Podemos, de facto, argumentar: «nunca poderei saber o que ele vê ou até se vê, visto que tudo aquilo de que disponho são os sinais de vários tipos que me revela; por conseguinte, afirmar que vê, é uma hipótese totalmente desnecessária. O que é ver, apenas se me dá conhecer pelo facto do próprio ver; aprendi a palavra "ver" como significando apenas o que eu faço». É evidente que isto não é exactamente verdade, dado que aprendi claramente um uso diferente e mais complicado da palavra «ver», do que aquele que aqui reconheço. Esclareçamos a tendência que me guiou quando o fiz, recorrendo a um exemplo extraído de uma esfera um pouco diferente: Considerem o seguinte argumento: «Como poderemos desejar que este papel seja vermelho se ele não é vermelho? Não quererá isto significar que eu desejo o que não existe? Por consequência o meu desejo só pode conter algo semelhante ao papel vermelho». Não deveríamos, por conseguinte, usar uma outra palavra em vez de «vermelho» quando falamos de desejar que algo fosse vermelho? As imagens do desejo mostram-nos seguramente algo menos definido, algo mais impreciso, do que a realidade do papel vermelho. Por esse motivo, deveria dizer, em vez de «desejaria que este papel fosse vermelho», algo como «desejaria um vermelho pálido para este papel». Mas se recorrendo à maneira vulgar de falar tivesse dito «desejo um vermelho pálido para este papel», tê-lo-íamos pintado de vermelho pálido, para satisfazer o seu desejo – e isto não era o que ele desejava. Por outro lado não há qualquer objecção à adopção da forma de expressão por ele sugerida, desde que saibamos que usa a expressão «desejo um x pálido para este papel», no sentido do que vulgarmente expressamos por «desejaria que este papel tivesse a cor x». Sem dúvida que o que ele disse justificava, de facto, a sua notação, no sentido em que uma notação pode ser justificada. Mas ele não nos comunicou qualquer nova verdade e não nos mostrou que o que tínhamos dito antes era falso. (Tudo isto relaciona o nosso problema presente com o problema da negação. Indicar-vos-ei apenas uma pista, dizendo que seria possível uma notação em que, falando em termos grosseiros, uma qualidade tivesse sempre dois nomes, um para o caso em que se diz que algo a apresenta, o outro para o caso em que se diz que algo não a apresenta. A negação de «este papel é vermelho» poderia então ser, por exemplo, «este papel não é vermelho». Uma tal notação satisfaria, efectivamente, alguns dos desejos que nos são negados pela nossa linguagem vulgar e que produzem às vezes um constrangimento de perplexidade filosófica acerca da ideia de negação.)

A dificuldade que expressamos dizendo «não posso saber o que ele vê quando diz (sem mentir) que vê uma mancha azul» deriva da ideia de que «saber o que ele vê» significa: «ver aquilo que ele também vê»; não, contudo, no sentido em que o fazemos quando ambos temos o mesmo objecto perante os nossos olhos, mas no sentido em que o objecto visto seria um objecto, por exemplo, na sua cabeça, ou, *nele*. A ideia é a de que o mesmo objecto pode estar perante os olhos dele e os meus, mas eu não posso penetrar na cabeça dele com a minha (ou no seu espírito com o meu, o que vem a dar no mesmo), de modo que o objecto *real* e *imediato* da sua visão se torne também o objecto real e imediato da minha visão. Com «eu não sei o que ele vê» queremos dizer, realmente, «eu não sei para o que ele olha», em que «aquilo para que ele olha» está oculto e ele não mo pode mostrar, pois *está diante do espírito*. Por esse motivo, para se livrarem deste quebra-cabeças, examinem a diferença gramatical entre as afirmações «eu não sei o que ele vê» e «eu não sei para onde ele olha», tal como são efectivamente usadas na nossa linguagem.

Por vezes, a expressão mais convincente do nosso solipsismo parece ser esta: «Quando algo é visto (realmente *visto*), sou sempre eu que o vejo». O que nos deveria chamar a atenção nesta expressão é o «sempre eu». Sempre *quem*? Dado que, por mais estranho que pareça, eu não quero dizer «sempre L. W» isto leva-nos a ter em consideração os critérios para a identidade de uma pessoa. Sob que circunstâncias diremos: «esta é a mesma pessoa que vi há uma hora»? O nosso uso efectivo da expressão «a mesma pessoa» e do nome de uma pessoa, baseia-se no facto de que muitas características que utilizamos como critérios para a identidade serem coincidentes na grande maioria dos casos. Sou, regra geral, reconhecido pela aparência do meu corpo. O meu corpo muda muito pouco de aspecto e apenas de um modo gradual, tal como a minha voz, os meus hábitos característicos, etc., apenas mudam lentamente e dentro de limites definidos. Sentimo-nos inclinados para usar nomes próprios da maneira que o fazemos, unicamente como consequência destes factos. Poderá compreender-se isto melhor imaginando casos fictícios que nos mostrem quais as diferentes «geometrias» que nos sentiríamos inclinados a usar se os factos fossem diferentes. Imaginem, por exemplo, que todos os corpos humanos existentes eram idênticos e que, por outro lado, se encontravam distribuídos, por estes corpos, diferentes conjuntos de características. Num caso poderíamos ter, por exemplo, a brandura, em conjunto com uma voz de tom muito elevado e movimentos lentos, num outro, um temperamento colérico, uma voz profunda e movimentos bruscos, e assim por diante. Nestas circunstâncias, embora fosse possível atribuir nomes aos corpos, sentirnos-íamos tão pouco inclinados a fazê-lo como nos sentimos para atribuir nomes às cadeiras da nossa sala de jantar. Por outro lado, poderia ser útil dar nomes aos conjuntos de características e o uso destes nomes corresponderia então, *aproximadamente*, aos nomes próprios da nossa linguagem actual.

Ou imaginem que era habitual os seres humanos terem duas maneiras de ser, da seguinte forma: as características do comportamento, a aparência e o tamanho das pessoas sofreriam periodicamente uma alteração completa. Seria vulgar que um homem apresentasse esses dois estados, e que passasse subitamente de um para o outro. É muito provável que, numa sociedade desse tipo, nos sentíssemos inclinados a baptizar cada indivíduo com dois nomes, e possivelmente a referir-nos ao par de pessoas existentes no seu corpo. Ora, seriam o Dr. Jekyll e o Sr. Hyde duas pessoas, ou tratar-se-ia de uma mesma pessoa que simplesmente mudava? Podemos optar pela resposta que mais nos agradar. Não somos forçados a falar de uma dupla personalidade.

Existem muitos usos da palavra «personalidade» que nos podemos sentir inclinados a adoptar, todos eles mais ou menos aparentados. O mesmo se aplica quando definimos a identidade de uma pessoa recorrendo às suas memórias. Imaginem um homem cujas memórias nos dias pares da sua vida incluíssem todos os acontecimentos de todos os dias pares, omitindo completamente o que tinha acontecido nos dias ímpares. Por outro lado, ele lembra-se num dia ímpar do que aconteceu em dias ímpares anteriores, mas a sua memória omite, nesse caso, os dias pares, sem qualquer sensação de descontinuidade. Se o quisermos, poderemos também supor que ele apresenta aspectos e características alternadas nos dias ímpares e pares. Seremos obrigados a afirmar que existem duas pessoas no mesmo corpo? Isto é, será correcto dizer que elas existem e errado dizer que não existem, ou vice-versa? Nem uma coisa nem outra. Com efeito, o uso *vulgar* da palavra «pessoa» é o que se poderia chamar um uso misto, apropriado em circunstâncias vulgares. Se eu supuser, como faço de facto, que estas circuntâncias são modificadas, a aplicação do termo «pessoa» ou «personalidade» será, desse modo, alterada; e se desejar preservar este termo e dar-lhe um uso análogo ao seu uso inicial, poderei escolher entre muitos usos, isto é, entre muitos tipos diferentes de analogia. Poderia dizer-se, num tal caso, que o termo «personalidade» não tem apenas um herdeiro legítimo. (Este tipo de consideração é de grande importância na filosofia da matemática. Considerem o uso das palavras «demonstração», «fórmula» e outras. Considerem a questão: «por que motivo deverá o que fazemos aqui ser chamado "filosofia"? Por deverá ser considerado como o único herdeiro legítimo de diferentes actividades que outrora receberam este nome?»)

Perguntemo-nos agora qual é a espécie de identidades de personalidade a que nos referimos, quando dizemos que «quando algo é visto, sou sempre eu que vejo». O que será que considero que todos estes casos de visão têm de ter em comum? Como resposta terei de confessar a mim próprio que não é a minha aparência corporal. Nunca vejo uma parte do meu corpo, quando vejo qualquer coisa. E não é essencial que o meu corpo, se se encontrasse entre as coisas que vejo, tivesse sempre o mesmo aspecto. Na realidade, não presto atenção às mudanças que o meu corpo sofre, assim como às mudanças sofridas por todas as suas propriedades, pelas características do meu comportamento, e até mesmo pelas minhas memórias. – Quando penso um pouco mais sobre isso, apercebo-me de que aquilo que desejava dizer era: «Sempre que algo é visto, algo é visto». Isto é, o que permanecia idêntico em todas de visão não era uma entidade particular «eu», mas a própria experiência da visão. Isto pode tornar-se mais claro se imaginarmos o homem que faz a nossa declaração solipsista a apontar para os seus olhos enquanto diz «eu». (Possivelmente porque deseja ser exacto e pretende dizer expressamente quais os olhos que pertencem à boca que diz «eu» e às mãos que apontam para o seu próprio corpo.) Mas para o que é que ele aponta? Para estes olhos particulares com a identidade de objectos físicos? (Para compreenderem esta frase, devem lembrar-se de que a gramática de palavras que dizemos representarem objectos físicos caracteriza pelo modo como usamos a expressão «o mesmo tal e tal», ou «o tal e tal idêntico», em que «tal e tal» designa o objecto físico.) Dissemos anteriormente que ele não desejava, de maneira nenhuma, apontar para um objecto físico particular. A ideia de que tinha feito uma declaração com sentido derivou de uma confusão, correspondente à confusão entre o que chamaremos «o olho geométrico» e «o olho físico». Darei a conhecer sucintamente o uso destes termos: se um homem tenta obedecer à ordem «aponta para o teu olho», ele pode fazer coisas muito diferentes e existem muitos critérios diferentes que aceitará para o ter apontado para o seu olho. Se estes critérios, como habitualmente acontece, coincidem, posso usá-los alternadamente e em combinações diferentes para mostrar a mim próprio que toquei no meu olho. Se eles não coincidirem, terei de distinguir diferentes sentidos da expressão «toquei no meu olho» ou «movo os meus dedos em direcção ao meu olho». Se, por exemplo, os meus olhos estão fechados, posso, não obstante, ter no meu braço a experiência cinestésica característica, a que chamaria a experiência cinestésica de levantar a minha mão até ao meu olho. Reconhecerei o facto de ter sido bem sucedido ao fazê-lo, pela sensação táctil peculiar de tocar no meu olho. Mas se o meu olho estivesse atrás de uma placa de vidro de tal modo fixada que me impedisse de exercer pressão sobre ele com

o meu dedo, continuaria ainda a existir um critério de sensação muscular que me levaria a dizer que nesse momento o meu dedo se encontrava em frente do meu olho. Quanto aos critérios visuais, existem dois que posso adoptar. Por um lado a experiência vulgar de ver a minha mão levantar-se e deslocar-se até ao meu olho, e esta experiência, evidentemente, é diferente da visão de duas coisas que se encontram, por exemplo, duas pontas de dedos. Por outro lado, posso utilizar como critério respeitante ao movimento do meu dedo em direcção ao meu olho, aquilo que vejo quando olho para um espelho e vejo o meu dedo a aproximar-se do meu olho. Se esse lugar do meu corpo que, segundo dizemos, «vê», tem de ser determinado pelo movimento do meu dedo em direcção ao meu olho, de acordo com o segundo critério, então é concebível que possa ver com o que, de acordo com outros critérios, é a ponta do meu nariz, ou outros lugares na minha testa; ou poderia desta maneira apontar para um lugar exterior ao meu corpo. Se pretendo que uma pessoa aponte para o meu olho (ou para os seus olhos) de acordo *unicamente* com o segundo critério, expressarei o meu desejo dizendo: «Aponta para o teu olho (ou olhos) geométrico».
A gramática da palavra «olho geométrico» mantém com a gramática da palavra «olho físico» a mesma relação que a gramática da expressão «os dados visuais de uma árvore» mantém com a gramática da expressão «a árvore física». Em qualquer dos casos, será motivo de confusão dizer «são duas *espécies diferentes* de objectos»; pontue aqueles que dizem que um dado dos sentidos e um objecto físico são espécies diferentes de objectos compreendem mal a gramática da palavra «espécie», exactamente como aqueles que dizem que um número e um numeral são espécies diferentes de objectos. Eles pensam estar a fazer uma declaração do mesmo tipo de «um comboio, uma estação de caminho de ferro e uma carruagem são objectos de espécies diferentes», ao passo

que a declaração é análoga a «um comboio, um acidente de comboio, e um regulamento do caminho de ferro são espécies diferentes de objectos».

Poderia também ter sucumbido à tentação do que me levou a dizer «sou sempre eu que vejo quando algo é visto», dizendo: «sempre que algo é visto, é *isto* que é visto», e acompanhando a palavra «isto» com um gesto que abarcasse o meu campo visual (mas não me referindo, com a palavra «isto», aos objectos particulares que visse naquele momento). Poderia dizer-se, «estou a apontar para o campo visual em si mesmo, não para algo que nele se encontre». E isto apenas serve para exibir a ausência de sentido da primeira expressão. Ponhamos de parte o «sempre» da nossa expressão. Posso ainda exprimir o meu solipsismo dizendo «só é realmente visto o que eu vejo (ou: vejo no momento presente)». Aqui sinto-me tentado a dizer: «Embora eu não me refira com a palavra "eu" a L.W., se outros a entenderem como referindo-se a L.W., isso será correcto, se neste preciso momento eu for de facto L.W.» Poderia também expressar a minha pretensão dizendo: «Sou o receptáculo da vida»; mas notem que é essencial que todos aqueles a quem eu digo isto não possam compreender-me. É essencial que o meu interlocutor não possa compreender «o que eu realmente *quero* dizer», embora, na prática, possa fazer o que eu desejava, concedendo-me uma posição excepcional na sua notação. Mas pretendo que seja *logicamente* impossível que ele me compreenda, quer dizer, que não tenha sentido, e não que seja falso, dizer que ele me compreende. Assim, a minha expressão é uma das muitas que, em várias ocasiões, são usadas pelos filósofos e que, supostamente, comunicam algo à pessoa que a diz, embora sejam essencialmente incapazes de comunicar algo a qualquer outra pessoa. Ora, se para que uma expressão comunique um sentido, tal significa que deve ser acompanhada por, ou produzir, certas experiências, a nossa expressão pode ter os sentidos mais diversos e não desejo dizer seja o que for sobre eles. Mas somos, na realidade, induzidos em erro ao pensarmos que a nossa expressão tem um significado no sentido em que o tem uma expressão não-metafísica; visto que comparamos indevidamente o nosso caso com um caso em que uma pessoa não pode compreender o que dizemos porque lhe falta uma certa informação. (Esta observação pode tornar-se clara se compreendermos a relação entre a gramática, o sentido e a ausência de sentido.) O sentido que tem para nós uma expressão é caracterizado pelo uso que dela fazemos. O sentido não é um acompanhamento mental da expressão. Por consequência, a expressão «penso que quero dizer algo com isto», ou «tenho a certeza de que quero dizer algo com isto», empregue tão frequentemente em discussões filosóficas para justificar o uso de uma expressão, não constitui para nós qualquer justificação. Perguntamos: «O que quer dizer com isso?», isto é, «Como é que usa esta expressão?» Se alguém me ensinar a palavra «banco» e me disser que põe <u>às vezes</u> ou sempre um traço por cima – da seguinte forma: «banco» – e que isto significa algo para ele, eu direi: «Não sei que espécie de ideia associa a este traço, mas não me interessa a não ser que me mostre que há um uso para o traço num tipo de cálculo em que pretende utilizar a palavra "banco"». – Quero jogar xadrez e um homem põe uma coroa de papel no rei branco, sem alterar o uso da peça, mas dizendo-me que a coroa significa algo para ele no jogo, que é incapaz de expressar através de regras. Digo: «desde que não altere o uso da peça, não tem aquilo a que chamo sentido».

Ouve-se por vezes dizer que uma expressão do tipo «isto está aqui», quando, enquanto a digo, aponto para uma parte do meu campo visual, tem para mim uma espécie de sentido primitivo, embora não possa comunicar informação a qualquer outra pessoa.

Quando digo «apenas se pode ver isto», esqueço-me de que uma frase pode tornar-se o que há de mais natural para nós, sem ter qualquer uso no nosso cálculo da linguagem. Pensem na lei da identidade, «a=a», e no modo como tentamos, dificilmente por vezes, apreender o seu sentido, visualizá-lo, olhando para um objecto e repetindo para nós próprios uma frase do tipo «esta árvore é a mesma coisa que esta árvore». Os gestos e as imagens com que aparentemente dou sentido a esta frase são muito semelhantes àqueles que uso no caso de «apenas *isto* é realmente visto». (Para nos libertarmos dos problemas filosóficos, é útil tornarmo-nos conscientes dos pormenores, aparentemente pouco importantes, da situação particular na qual nos sentimos tentados a fazer uma certa asserção metafísica. Assim podemos sentir-nos tentados a dizer: «apenas isto é realmente visto» quando olhamos para um ambiente que não se altera, ao passo que não nos sentiremos de todo tentados a dizer isto quando olhamos a nossa volta enquanto caminhamos.)

Não existe, como o dissemos, qualquer objecção à adopção de um simbolismo em que uma certa pessoa ocupe, sempre ou temporariamente, o lugar excepcional. E, por consequência, se pronuncio a frase «sou eu o único que vê realmente», é concebível que os meus semelhantes adaptem, em consequência disso, a sua notação de modo a concordarem comigo dizendo «fulano é realmente visível», em vez de «L.W. vê fulano», etc., etc. O que, contudo, está errado, é pensar que posso *justificar* esta escolha de notação. Quando disse, do fundo do meu coração, que era o único a ver, sentia-me também inclinado a dizer que, com «eu», não queria realmente referir-me a L.W., embora, em proveito dos meus semelhantes, pudesse dizer «neste momento é L.W. que vê realmente», embora não fosse isso o que de facto queria dizer. Quase poderia dizer que, com «eu», me referia a algo que habita, precisamente neste momento, L.W., algo que os outros não conseguem ver. (Referia-me ao meu espírito, mas apenas o podia indicar através do meu corpo.) Não há nada de errado em sugerir que os outros me deveriam atribuir um lugar excepcional na sua notação; mas a justificação que pretendia dar para isso, a saber, que este corpo é agora a morada daquilo que realmente vive, não tem qualquer sentido, dado que isto não afirma, confessadamente, algo que no sentido vulgar seja uma questão de experiência. (E não pensem que é uma proposição baseada na experiência, apenas susceptível de ser por mim conhecida, porque só eu me encontro na posição de ter a experiência particular.) Ora, a ideia de que o verdadeiro eu vive no meu corpo está relacionada com a gramática peculiar da palavra «eu», e com os equívocos cuja origem é da responsabilidade desta gramática. Existem dois casos diferentes no uso da palavra «eu» (ou «meu») a que poderia chamar «o uso como objecto» e «o uso como sujeito». São exemplos do primeiro tipo de uso: «O meu braço está partido», «Eu cresci doze centímetros», «Eu tenho um inchaço na testa», «O vento despenteou o meu cabelo». São exemplos do segundo tipo de uso: «Eu vejo isto e isto», «Eu ouço isto e isto», «Eu tento levantar o meu braço», «Eu penso que vai chover», «Eu tenho dor dentes». Pode indicar-se a diferença entre estas duas categorias dizendo: os casos da primeira categoria envolvem o reconhecimento de uma pessoa particular, e existe nestes casos a possibilidade de um erro, ou melhor dizendo providenciou-se a possibilidade de um erro. A possibilidade de não marcar pontos é prevista num jogo de pinos. Por outro lado, se as bolas não surgirem depois de ter posto uma moeda na ranhura da máquina, isso não é um dos acasos do jogo. E possível que, por exemplo, num acidente, sinta uma dor no braço, veja ao meu lado um braço partido, e pense que é o meu, quando na realidade ele é do meu vizinho. E poderia, olhando para um espelho, tomar um inchaço na testa do meu vizinho por um inchaço na minha testa. Por outro lado, não há a menor dúvida de que quando digo que tenho dor de dentes isso não tem a intenção de identificar uma pessoa. Perguntar «tens a certeza de que és *tu* quem tem dores?» seria absurdo. Ora, quando neste caso nenhum erro é possível, isso deve-se ao facto de a jogada que nos sentiríamos inclinados a pensar ser um erro, uma «má jogada», não fazer parte do jogo. (Fazemos a distinção no xadrez entre bons e maus lances e, se expusermos a rainha a um bispo, chamamos a isso um erro. Mas não é um erro promover um peão a rei.) E agora esta maneira de expor a nossa ideia ocorre-me ao espírito: que *é tão* impossível que, ao fazer a afirmação «Eu tenho dor de dentes», tenha confundido outra pessoa comigo, como o é gemer de dor por engano, tendo confundido outra pessoa comigo. Dizer, «tenho dores», bem como gemer, não constituem afirmações *sobre* uma pessoa particular. «Mas a palavra "eu" na boca de um homem refere-se certamente ao homem que a diz; indica-o; e muito frequentemente um homem que a diz aponta, de facto, para ele próprio com o seu dedo». Mas era inteiramente supérfluo apontar para ele próprio. Poderia apenas afinal ter levantado a mão. Seria errado dizer que, quando alguém aponta para o sol com a mão, por ser *ele* que aponta está a apontar em simultâneo para o sol e para si próprio; por outro lado, pode, ao apontar, chamar a atenção tanto para o sol como para si.

A palavra «eu» não significa o mesmo que «L.W.», mesmo se eu sou L.W., nem significa o mesmo que a expressão «a pessoa que está agora a falar». Mas isso não quer dizer que «L.W.» e «eu» signifiquem coisas diferentes. Isso significa simplesmente que estas palavras são instrumentos diferentes da nossa linguagem.

Pensem nas palavras como instrumentos caracterizados pelo seu uso, e em seguida pensem no uso de um martelo, no uso de um escopro, no uso de um esquadro, de um frasco de cola, e no uso da cola. (Igualmente tudo o que aqui dizemos apenas pode ser compreendido se se compreender que uma enorme variedade de jogos é jogada com as frases da nossa linguagem: dar ordens e obedecer a ordens; colocar questões e responder-lhes; descrever um acontecimento; contar uma história fictícia; contar uma anedota;. descrever uma experiência imediata; fazer conjecturas sobre acontecimentos no mundo físico; formular hipóteses e teorias científicas; cumprimentar alguém, etc., etc.) A boca que diz «eu» ou a mão que se levanta para indicar que sou eu que desejo falar, ou eu que tenho dor de dentes, não aponta, ao fazer isso, para alguma coisa. Se, por outro lado, desejo indicar o *lugar* da minha dor, aponto. E aqui, de novo, lembrem-se da diferença entre apontar para o lugar doloroso sem ser conduzido pelo olhar e, por outro lado, apontar para uma cicatriz no meu corpo depois de a ter procurado. («Foi aqui que me vacinaram».) – O homem que grita de dor, ou diz ter dores, *não escolhe a boca que o diz*.

No fim de contas, tudo isto equivale a dizer que a pessoa de quem dizemos «ele tem dores» é, de acordo com as regras do jogo, a pessoa que grita, que faz esgares de dor, etc. O lugar da dor – como o dissemos – pode estar no corpo de outra pessoa. Se, ao dizer «eu», aponto para o meu próprio corpo, utilizo como o padrão, para o uso da palavra «eu», o uso do demonstrativo «esta pessoa» ou «este». (Esta maneira de tornar semelhantes as duas expressões é um pouco análoga à que por vezes adoptamos em matemática, por exemplo, na demonstração de que a soma dos três ângulos de um triângulo é igual a 180 graus.

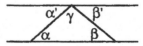

Dizemos que «α=α', β=β', e γ=γ». As duas primeiras igualdades são de uma espécie completamente diferente da terceira.) Em «eu tenho dores», «eu» não é um pronome demonstrativo.

Comparem os dois casos: 1. «Como sabes que *ele* tem dores?» – «Porque o ouço gemer». 2. «Como sabes que tens dores?» – «Porque as *sinto*». Mas «eu sinto-as» significa o mesmo que «eu tenho-as». Por consequência, não se trata de uma explicação. Que, contudo, me sinto inclinado a realçar, na minha resposta, a palavra «sentir» e não a palavra «eu», indica que, com «eu», não pretendo escolher uma pessoa (de entre várias pessoas). A diferença entre as proposições «eu tenho dores» e «ele tem dores» não é existente entre «L.W. tem dores» e «Smith tem dores». Ela corresponde antes à diferença entre gemer e dizer que alguém geme. – «Mas a palavra "eu", em "eu tenho dores", serve certamente para me distinguir de outras pessoas, porque é através do signo "eu" que distingo entre dizer que tenho dores e dizer que uma outra pessoa as tem». Imaginem uma linguagem em que, em vez de «não encontrei ninguém no quarto», se dissesse «encontrei o Sr. Ninguém no quarto». Imaginem os problemas filosóficos que surgiriam de uma convenção desse tipo. Alguns filósofos, educados nesta linguagem, sentiriam provavelmente que não gostavam da semelhança das expressões «Sr. Ninguém» e «Sr. Smith». Quando temos consciência de que desejamos eliminar o «eu», em «eu tenho dores», pode dizer-se que tendemos para tomar a expressão verbal da dor semelhante à sua expressão pelos gemidos. Sentimo-nos inclinados a esquecer que é unicamente o uso particular de uma palavra que dá à palavra o seu sentido. Pensemos no nosso velho exemplo para o uso de palavras: alguém é mandado ao merceeiro com um pedaço de papel onde estão escritas as palavras «cinco maçãs». O uso da palavra, *na prática,* é o seu sentido. Imaginem que era habitual os objectos que nos rodeiam terem etiquetas com palavras escritas por meio das quais o nosso discurso se referia aos objectos. Algumas destas palavras seriam nomes próprios dos objectos, outras nomes genéricos (como mesa, cadeira, etc.), outras ainda, nomes de cores, nomes de formas, etc. Isto é, uma etiqueta só teria para nós um sentido desde que fizéssemos um uso particular dela. Ora, poderíamos facilmente imaginar que ficaríamos impressionados com o mero facto de vermos uma etiqueta numa coisa, esquecendo que o que torna estas etiquetas importantes é o seu uso. Deste modo acreditamos, por vezes, que designámos algo quando fazemos o gesto de apontar e pronunciamos palavras como «isto é...» (a fórmula da definição ostensiva). Dizemos que chamamos a algo «dor de dentes» e pensamos que a palavra recebeu uma função definida na nossa linguagem quando, sob certas circunstâncias, apontámos para a nossa bochecha e dissemos: «Isto é dor de dentes». (A nossa ideia é que, quando apontamos e a outra pessoa «apenas sabe aquilo para que estamos a apontar», ela conhece o uso da palavra. E aqui temos presente no espírito o caso especial em que «aquilo para que apontamos» é, por exemplo, uma pessoa e «saber que eu aponto» quer dizer, ver para qual das pessoas presentes eu aponto.)

Temos, por isso, consciência de que, nos casos em que «eu» é usado como sujeito, não o utilizamos porque reconhecemos uma pessoa particular pelas suas características corporais; e isto cria a ilusão de que usamos esta palavra para nos referirmos a algo incorpóreo, que, todavia, tem a sua morada no nosso corpo. De facto, *isto* parece ser o verdadeiro ego, aquele do qual se disse, «Cogito, ergo sum». «Não haverá, nesse caso, um espírito, mas apenas um corpo?» Resposta: A palavra «espírito» tem sentido, isto é, tem o uso na nossa linguagem; mas dizer isto não nos diz ainda qual o tipo de uso que dela fazemos.

De facto, pode dizer-se que aquilo com que nos preocupámos nestas investigações foi as gramática das palavras que descrevem o que se chama «actividades mentais»: ver, ouvir, sentir, etc.. E, no fim de contas, isto equivale a dizer que estamos interessados na gramática «expressões que descrevem os dados dos sentidos».

Os filósofos apresentam-nos a existência dos dados dos sentidos, como uma opinião ou convicção filosófica. Mas dizer que acredito na existência de dados dos sentidos equivale a dizer que *acredito* que um objecto pode parecer estar frente aos nossos olhos, mesmo quando de facto não está. Ora, quando se usa a expressão «dados dos sentidos», deveria ter-se em conta a singularidade da sua gramática, visto que a ideia, ao introduzir esta expressão foi a de tomar como modelo das expressões referentes à «aparência», as expressões referentes à «realidade». Disse-se que, por exemplo, se duas coisas *parecem* ser iguais, *devem* existir duas coisas que *são* iguais. O que nada mais significa, evidentemente, do que o facto de termos decidido usar uma expressão como «as aparências destas duas coisas *são* iguais», como sinónimo de «estas duas coisas parecem ser iguais». Caso estranho, a introdução desta nova fraseologia iludiu as pessoas, levando-as a pensar que tinham descoberto novas identidades, novos elementos da estrutura do mundo, como se dizer «e acredito na existência de dados dos sentidos» fosse semelhante a dizer «e acredito que a matéria é constituída por electrões». Quando falamos da igualdade das aparências ou dos dados dos sentidos, introduzimos um novo uso da palavra «igual». É possível que os comprimentos A e B possam parecer-nos iguais, que B e C possam parecer-nos iguais, mas que A e C não nos pareçam ser iguais. E na nova notação teremos de dizer que embora a aparência (os dados dos sentidos) de A seja igual à de B e a aparência de B igual à de C, a aparência de A não é igual à aparência de C; o que não apresenta qualquer inconveniente, se não se importarem de utilizar a palavra «igual» intransitivamente.

Ora, o perigo que corremos quando adoptamos a notação dos dados dos sentidos é o de esquecermos a diferença entre a gramática e uma declaração sobre dados dos sentidos e a gramática de uma declaração, exteriormente semelhante, sobre objectos físicos. (A partir daqui, poderia continuar a falar-se sobre os equívocos que encontram a expressão em frases como: «Não podemos ver um círculo perfeito», «todos os dados dos sentidos são vagos». Isto leva, igualmente, à comparação da gramática de «posição», «movimento», e «dimensão», no espaço euclidiano e visual. Existem, por exemplo, posição absoluta, movimento absoluto e dimensão, no espaço visual.)

Ora, podemos fazer uso de uma expressão como «apontar para a *aparência* de um corpo», ou «apontar para um dado visual dos sentidos». Falando de uma maneira geral, esta espécie de apontar equivale a fazer pontaria, por exemplo, com uma arma. Podemos, assim, apontar e dizer: «Eis a direcção na qual vejo a minha imagem no espelho». Pode também utilizar-se uma expressão como «a aparência, ou o dado dos sentidos, do meu dedo aponta para o dado dos sentidos da árvore» e outras expressões semelhantes. De entre estes exemplos de apontar devemos, contudo, distinguir aqueles em que aponto na direcção de onde me parece vir um som, ou aqueles em que aponto para a minha testa de olhos fechados, etc.

Ora, quando digo à maneira solipsista *«Isto* é o que é realmente visto», aponto para a minha frente e é essencial que aponte *visualmente*. Se apontasse para os lados ou para trás de mim – o acto de apontar não teria, nesse caso qualquer sentido para mim; não seria apontar no sentido em que desejo apontar. Mas isto significa que, quando aponto para a minha frente dizendo «isto é o que é realmente visto», embora faça o gesto de apontar, não aponto para um objecto por oposição a outros. Passa-se o mesmo quando ao viajar de carro com pressa de chegar faço instintivamente força contra algo à minha força como se pudesse empurrar o carro a partir do seu interior.

Quando faz sentido dizer «vejo isto», ou «isto é visto», apontando para o que vejo, faz também *sentido* «eu vejo isto», ou «isto é visto», apontando para algo que *não* vejo. Quando fiz a minha afirmação solipsista, apontei, mas despojei o acto de apontar do seu sentido, relacionando de maneira inseparável o que aponta com aquilo para que aponta. Construí um relógio com todas as suas engrenagens e, no final, uni o mostrador ao ponteiro fazendo que ele acompanhasse o movimento deste. E desta maneira o «apenas isto é realmente visto» do solipsista lembra-nos uma tautologia.

Evidentemente, uma das razões por que somos tentados a fazer a nossa pseudo-afirmação reside na sua semelhança com a afirmação «só vejo isto», ou «esta é a região que vejo», que faço apontando para certos objectos que me rodeiam, em contraste com outros, ou apontando numa certa direcção do espaço físico (não do espaço visual), em contraste com outras direcções no espaço físico. E se, ao apontar neste sentido, digo «isto é o que é realmente visto», poder-se-á responder-me: «Isto é o que *tu, L.W.,* vês; mas não há qualquer objecção à adopção da notação em que o que costumávamos chamar "coisas que o L.W. vê" se chame "coisas realmente vistas"». Se, contudo, acredito que, ao apontar para a minha gramática, não tenho qualquer vizinho, posso comunicar algo a mim próprio (embora não o faça a outros), faço um erro semelhante ao de pensar que a frase «estou aqui» faz sentido para mim (e, a propósito, é sempre verdadeira) sob condições diferentes daquelas condições muito especiais sob as quais faz sentido. Por exemplo, quando a minha voz e a direcção da qual falo são identificadas por outra pessoa. De novo, um caso importante em que podem constatar que uma palavra tem sentido pelo uso particular que dela fazemos. Somos como pessoas que pensam que bocados de madeira com a forma aproximada das peças de xadrez e das damas e colocadas num tabuleiro de xadrez constituem um jogo, mesmo que nada tenha sido dito sobre o modo de as usar.

Dizer «isto aproxima-se de mim» tem sentido, mesmo quando, falando de um ponto de vista físico, nada se aproxima do meu corpo; e da mesma maneira que faz sentido dizer, «está aqui» ou «alcançou-me» quando nada alcançou o meu corpo. E, por outro lado, «estou aqui» faz sentido se a minha voz é identificada e é detectado o lugar particular do espaço comum de onde ela provém. Na frase «está aqui», o «aqui» era um aqui no espaço visual. Falando de uma maneira geral, é o olho geométrico. Para fazer sentido, a frase «estou aqui» deve atrair a atenção para um lugar no espaço comum. (E há várias maneiras de utilizar esta frase.) O filósofo que pensa que faz sentido dizer para si próprio «estou aqui», toma a expressão verbal da frase em que «aqui» é um lugar no espaço comum e pensa em «aqui» como o aqui no espaço visual. Por consequência ele diz na verdade algo do mesmo género que «Aqui é aqui».

Poderia, contudo, tentar expressar o meu solipsismo de uma maneira diferente: imagine que eu e outras pessoas desenhamos ou escrevemos descrições do que cada um de nós vê. Estas descrições são-me apresentadas. Aponto para a que fiz e digo: «Apenas esta é (ou foi) realmente vista». Isto é, sinto-me tentado a dizer: «Apenas esta descrição corresponde à realidade (realidade visual)». As outras poderia chamar «descrições em branco». Poderia também expressar-me dizendo: «Esta descrição é a única que teve por base a realidade; foi a única que foi confrontada com a realidade».

Agora, o sentido é claro quando dizemos que este desenho ou descrição é uma projecção, por exemplo, deste grupo de objectos – as árvores para as quais olho – ou que foi derivado destes objectos. Mas é necessário examinar a gramática de uma expressão como «esta descrição deriva dos meus dados dos sentidos». Aquilo de que estamos a falar está relacionado com essa tentação singular de dizer: «Nunca sei o que outra pessoa quer dizer com a palavra "castanho", ou que ela vê realmente quando (sem mentir) diz ver um objecto castanho». – Poderíamos propor àquele que diz isto o uso de duas palavras diferentes, em vez da palavra única «castanho»; uma palavra *para a sua própria impressão particular,* a outra palavra com aquele sentido que também pode ser compreendido por outras pessoas para além dele. Se pensar nesta proposta verá que há algo de errado na sua concepção do sentido e da função da palavra «castanho», ou de outras palavras. Ele procura uma justificação da sua descrição, onde não existe nenhuma justificação possível. (Tal como no caso em que um homem acredita que a cadeia de razões não tem fim. Pensem na justificação por recurso a uma fórmula geral para a resolução de operações matemáticas; e na questão: será que esta fórmula nos obriga a usá-la neste caso particular, como o fazemos?) Dizer «derivo esta descrição da realidade visual» não quer dizer o mesmo que: «derivo uma descrição do que aqui vejo». Posso, por exemplo, ver uma tabela em que um quadrado colorido corresponde à palavra «castanho», e ver também uma mancha da mesma cor num outro sítio qualquer; e posso dizer: «Esta tabela mostra-me que devo usar a palavra "castanho" para a descrição desta mancha». É desta maneira que posso deduzir qual a palavra necessária na minha descrição. Mas seria absurdo dizer que deduzo a palavra «castanho» da impressão colorida que recebo.

Perguntemos agora: «Poderá um *corpo* humano ter dores?» Tende-se a dizer: «Como pode o corpo ter dores? O corpo em si próprio é algo inerte; um corpo não tem consciência!» E também aqui parece que examinámos a natureza da dor e descobrimos que não está na sua natureza que um objecto material a possa ter. E é como se tivéssemos descoberto que o que tem dores deve ser uma entidade de uma natureza diferente da de um objecto material; que, na realidade, deve ser de natureza mental. Mas dizer que o ego é mental é um pouco como dizer que o número 3 tem uma natureza mental ou imaterial, quando reconhecemos que o numeral «3» não é usado como um signo que representa um objecto físico.

Por outro lado, podemos perfeitamente adoptar a expressão «este corpo sente dor», e dir-lhe-emos nesse caso, como o fazemos habitualmente, para ir ao médico, para se deitar e até mesmo para se lembrar de que da última vez que teve dores elas passaram ao fim de um dia. «Mas não seria esta, uma forma de expressão indirecta?» – Será que quando dizemos «Escreve "3" em vez de "x", nesta fórmula» em lugar de dizer «Substitui x por 3», utilizamos uma expressão indirecta? (Ou, por outro lado, tal como o pensam alguns filósofos, será directa apenas a primeira das duas expressões?) Nenhuma das expressões é mais directa do que a outra. O sentido da expressão depende inteiramente do modo como a usamos. Não imaginemos o sentido como uma relação oculta que o espírito estabelece entre uma palavra e uma coisa, nem que esta relação contém a totalidade dos usos de uma palavra, tal como se poderia dizer que a semente contém a árvore.

O cerne da nossa proposição segundo a qual aquele que tem dores, ou vê, ou pensa, tem uma natureza mental, é apenas o facto de a palavra «eu» em «eu tenho dores» não denotar um corpo particular, dado que não podemos substituir «eu» pela descrição de um corpo.

FIM DO *LIVRO AZUL*

BIBLIOTECA DE FILOSOFIA CONTEMPORÂNEA

1. *Mente, Cérebro e Ciência,* John Searle
2. *Teoria da Interpretação,* Paul Ricoeur
3. *Técnica e Ciência como Ideologia,* Jürgen Habermas
4. *Anotações Sobre as Cores,* Ludwig Wittgenstein
5. *Totalidade e Infinito,* Emmanuel Levinas
6. *As Aventuras da Diferença,* Gianni Vattimo
7. *Ética e Infinito,* Emmanuel Levinas
8. *O Discurso de Acção,* Paul Ricoeur
9. *A Essência do Fundamento,* Martin Heidegger
10. *A Tensão Essencial,* Thomas S. Kuhn
11. *Fichas (Zettel),* Ludwig Wittgenstein
12. *A Origem da Arte,* Martin Heidegger
13. *Da Certeza,* Ludwig Wittgenstein
14. *A Mão e o Espírito,* Jean Brun
15. *Adeus à Razão,* Paul Feyerabend
16. *Transcendência e Inteligibilidade,* Emmanuel Levinas
18. *Ideologia e Utopia,* Paul Ricoeur
19. *O Livro Azul,* Ludwig Wittgenstein
20. *O Livro Castanho,* Ludwig Wittgenstein
21. *O Que é uma Coisa,* Martin Heidegger
22. *Cultura e Valor,* Ludwig Wittgenstein
23. *A Voz e o Fenómeno,* Jacques Derrida
24. *O Conhecimento e o Problema Corpo-mente,* Karl R. Popper
25. *A Crítica e a Convicção,* Paul Ricoeur
26. *História da Ciência e Suas Reconstruções Racionais,* Imre Lakatos
27. *O Mito do Contexto,* Karl R. Popper
28. *Falsificação e Metodologia dos Programas de Investigação,* Imre Lakatos
29. *O Fim da Idade Moderna,* Romano Guardini
30. *A Vida é Aprendizagem,* Karl R. Popper
31. *Elogio da Teoria,* Hans-Georg Gadamer
32. *Racionalidade e Comunicação,* Jürgen Habermas
33. *Palestras,* Maurice Merleau-Ponty
34. *Cadernos, 1914 - 1916,* Ludwig Wittgenstein
35. *A Filosofia no Século XX,* Remo Bodei
36. *Os Problemas da Filosofia,* Bertrand Russell